なるほど！合格勉強術

STUDY METHOD

宇都出雅巳
Masami Utsude

実務教育出版

とにかく、徹底的にムダをなくした読み方です。択一式は過去問をこうして「常識化」すれば合格します。詳しくは、実際に読んでいる様子を撮影した動画をご覧になってください（→ 244 ページ）。

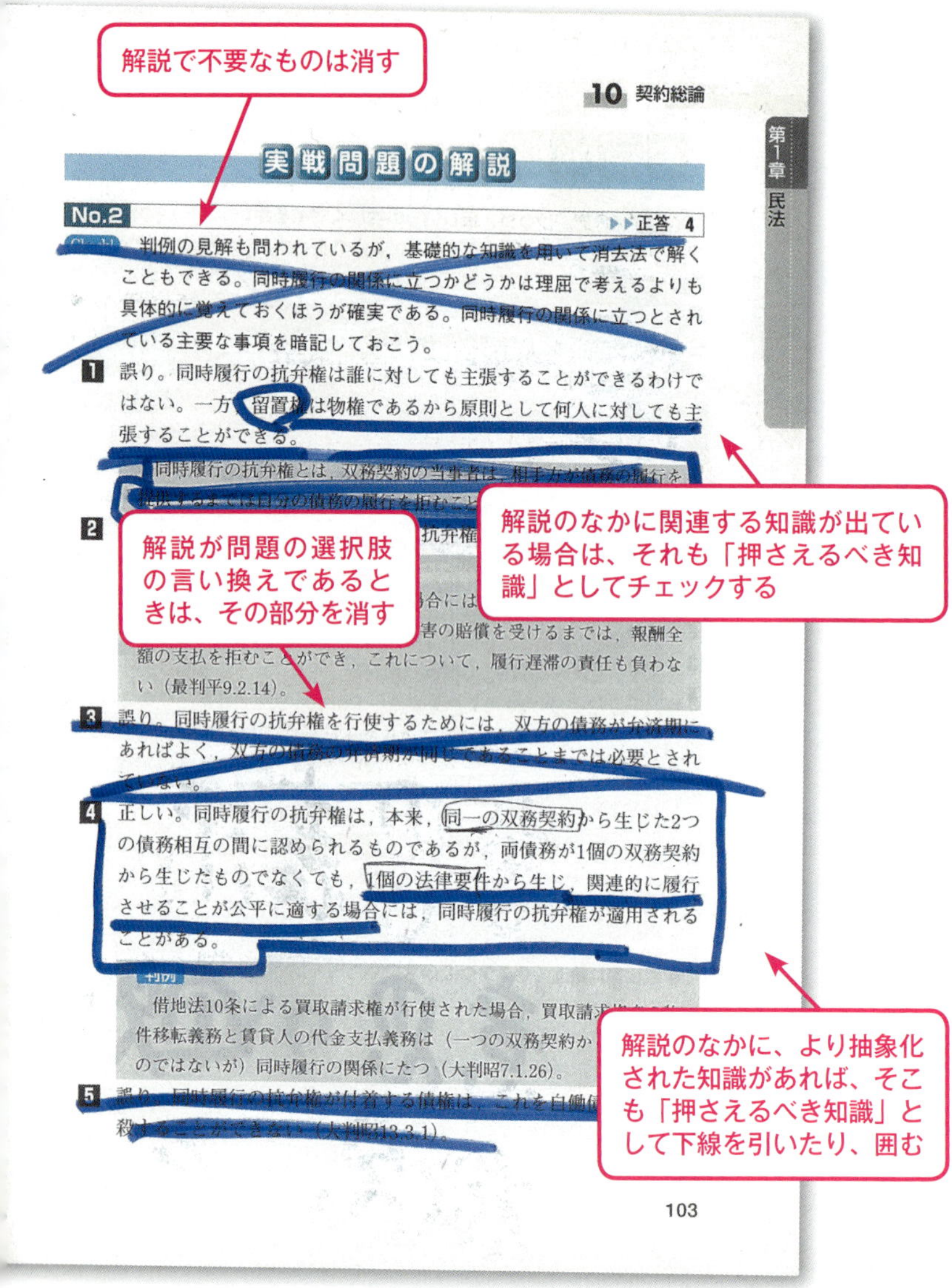
10 契約総論

第1章 民法

実戦問題の解説

No.2　▶▶正答 4

判例の見解も問われているが，基礎的な知識を用いて消去法で解くこともできる。同時履行の関係に立つかどうかは理屈で考えるよりも具体的に覚えておくほうが確実である。同時履行の関係に立つとされている主要な事項を暗記しておこう。

1 誤り。同時履行の抗弁権は誰に対しても主張することができるわけではない。一方，留置権は物権であるから原則として何人に対しても主張することができる。

同時履行の抗弁権とは，双務契約の当事者は，相手方が債務の履行を提供するまでは自分の債務の履行を拒むこと

2 抗弁権

合には

害の賠償を受けるまでは，報酬全額の支払を拒むことができ，これについて，履行遅滞の責任も負わない（最判平9.2.14）。

3 誤り。同時履行の抗弁権を行使するためには，双方の債務が弁済期にあればよく，双方の債務の弁済期が同じであることまでは必要とされていない。

4 正しい。同時履行の抗弁権は，本来，同一の双務契約から生じた2つの債務相互の間に認められるものであるが，両債務が1個の双務契約から生じたものでなくても，1個の法律要件から生じ，関連的に履行させることが公平に適する場合には，同時履行の抗弁権が適用されることがある。

借地法10条による買取請求権が行使された場合，買取請求

件移転義務と賃貸人の代金支払義務は（一つの双務契約か

のではないが）同時履行の関係にたつ（大判昭7.1.26）。

5 誤り。同時履行の抗弁権が付着する債権は，これを自働債

殺することができない（大判昭13.3.1）。

103

解説で不要なものは消す
解説のなかに関連する知識が出ている場合は、それも「押さえるべき知識」としてチェックする
解説が問題の選択肢の言い換えであるときは、その部分を消す
解説のなかに、より抽象化された知識があれば、そこも「押さえるべき知識」として下線を引いたり、囲む

動画でも解説！

過去問はこうやって読む

何の問題かを表す言葉に○をつける

間違った選択肢は正しく直す（ただし、すぐに直す必要はない）

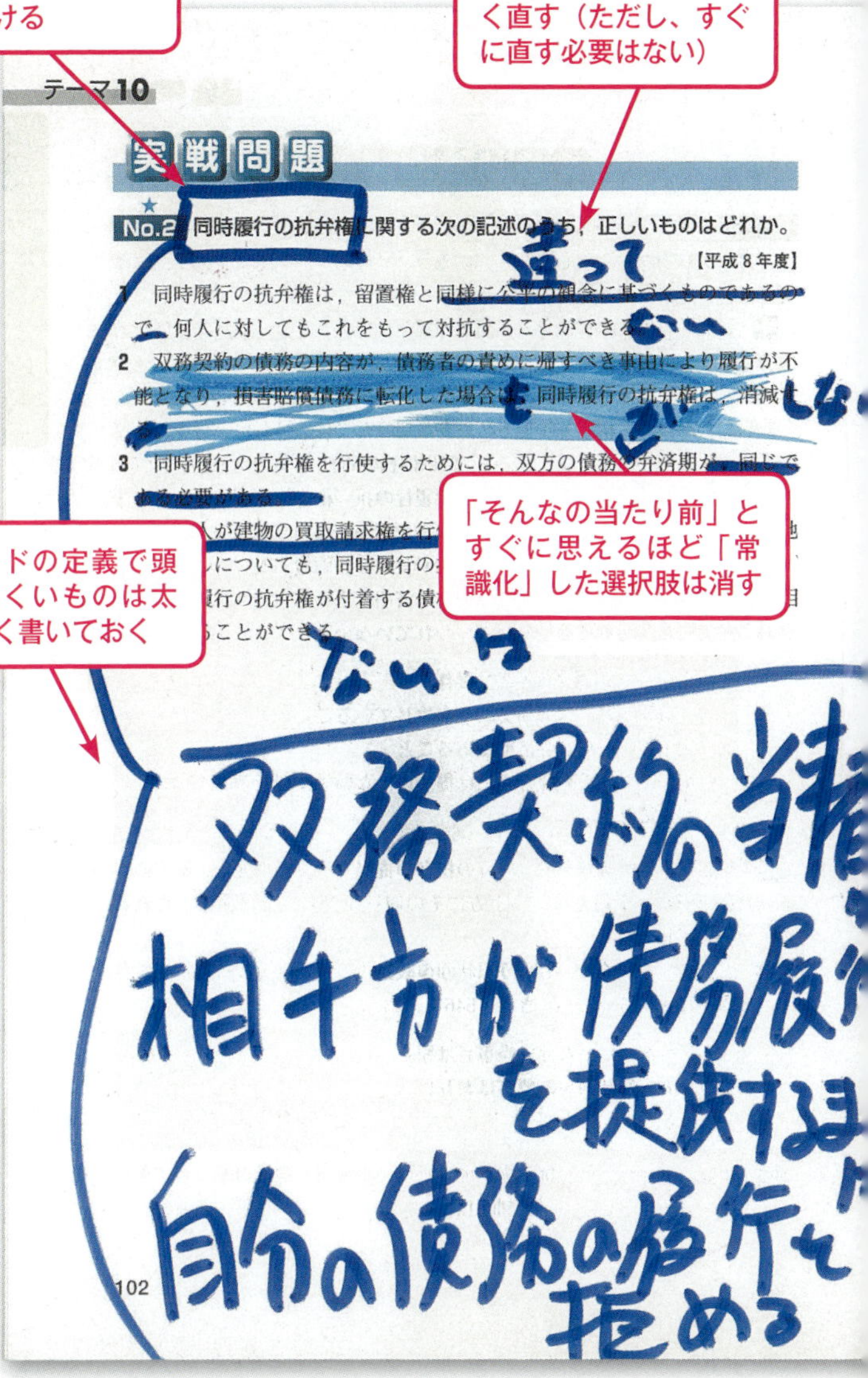
テーマ10
実戦問題
★
No.2 同時履行の抗弁権に関する次の記述のうち，正しいものはどれか。
【平成８年度】
1 同時履行の抗弁権は，留置権と同様に公平の観念に基づくものであるので，何人に対してもこれをもって対抗することができる。
違ってない
2 双務契約の債務の内容が，債務者の責めに帰すべき事由により履行が不能となり，損害賠償債務に転化した場合は，同時履行の抗弁権は，消滅する。
3 同時履行の抗弁権を行使するためには，双方の債務の弁済期が，同じである必要がある。
人が建物の買取請求権を行
しについても，同時履行の
履行の抗弁権が付着する債
ることができる。
ない!!
双務契約の当事
相手方が債務履
を提供するま
自分の債務の履行を
拒める
102

「そんなの当たり前」とすぐに思えるほど「常識化」した選択肢は消す

キーワードの定義で頭に入りにくいものは太字で大きく書いておく

こちらも動画で解説！

テキストはこうやって覚える

本の「形」を活用して、テキストをそのまままるごと記憶します。いわば「脳内テキスト」を作ってしまうのです。これで、択一式はもちろん、記述式・論述式もバッチリです（→ 206 ページ）。

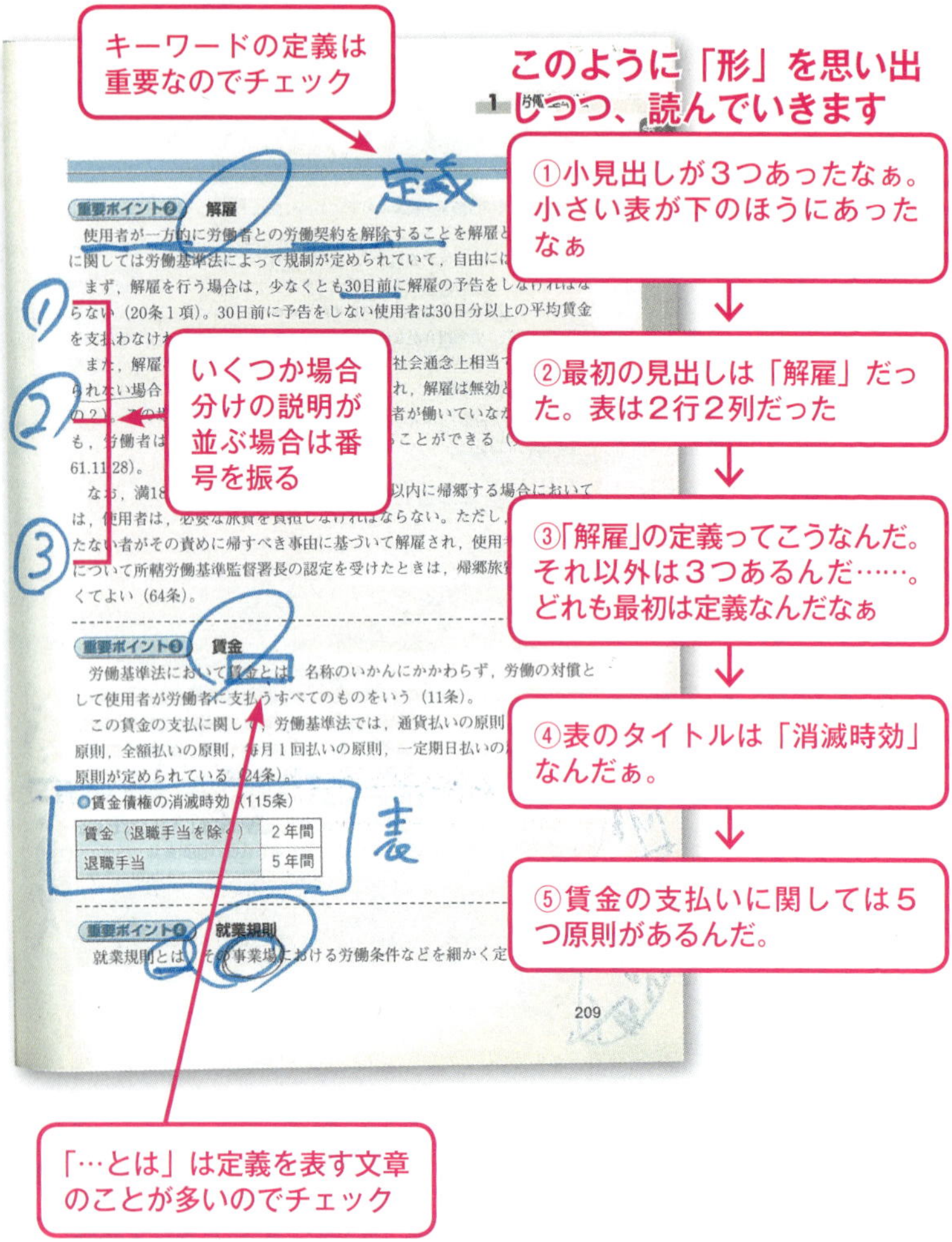
キーワードの定義は重要なのでチェック
このように「形」を思い出しつつ、読んでいきます
①小見出しが３つあったなぁ。小さい表が下のほうにあったなぁ
②最初の見出しは「解雇」だった。表は２行２列だった
③「解雇」の定義ってこうなんだ。それ以外は３つあるんだ……。どれも最初は定義なんだなぁ
④表のタイトルは「消滅時効」なんだぁ。
⑤賃金の支払いに関しては５つ原則があるんだ。
いくつか場合分けの説明が並ぶ場合は番号を振る
定義
表
重要ポイント② 解雇
重要ポイント③ 賃金
賃金債権の消滅時効（115条）
賃金（退職手当を除く） 2年間
退職手当 5年間
重要ポイント④ 就業規則
209
「…とは」は定義を表す文章のことが多いのでチェック

はじめに

あなたは、試験勉強でこんな「間違い」をしていませんか？

- 過去問はあとでやろうと思っていて、まだ取り組んでいない。
- テキストを最初のページから理解しようとしていて、がんばって読んでいる。
- 問題集の問題をじっくり考えて解いたあとに、解答・解説を見ている。
- 机に向かうときや、電車で座れたときにしか勉強していない。
- 気になる参考書・問題集は、できるだけ買うことにしている。
- とにかく予備校の授業を受けることを最優先にしている。
- まとまった時間が20分以上取れないと勉強していない。

もしひとつでも当てはまるものがあったら、あなたは「合格しない勉強」をしている危険性があります。

今すぐ、本書を読んで「合格する勉強」に切り替えてください。

なかには、「こんな間違いはしていませんよ」と言う人もいるでしょう。私がすでに出版した『速読勉強術』や『合格（ウカ）る技術』、『「1分スピード記憶」勉強法』の読者や、試験勉強法に詳しい人かもしれません。

そんなあなたに、もうひとつ質問です。


「あなたが知っている正しい勉強法を実践できていますか？」


さてどうでしょう？

「そう言われると……」と言葉に詰まる人もいるのではないでしょうか。

頭ではわかっていても、実践できていないことは多いものです。

そして、特に**「合格する勉強」というのは、常に意識していないとついついそこから外れてしまうもの**なので、なおさらです。


私は読者の方から「合格しました！」といううれしいメールをもらう一方で、

残念なことに「今回は不合格でした」というご報告もいただきます。

そんなとき、不合格の方とメールのやりとりをしながら、試験勉強を振り返ってもらうと、

「気がついたら、本に書いてあったこととズレたことをしていました」

「確かに、本にはそう書いてありました。うっかり誤解していました」

というように、**本に書いてあることを実践できていなかったり、理解不足だったた**ということがほとんどです。

過去問やテキストを前にして勉強し始めると、ついついそこにはまってしまって、「合格する勉強」からズレていってしまうのです。

私が定期的に個別指導を行っている人であれば、その都度修正できます。

また、私の本を折りに触れ読み返してもらえれば、軌道修正できます。

しかし、そういう人はあまり多くありません。

私としてはそこをなんとか解決したいという思いで、**試験勉強本としては少々変わったスタイルの本書**を書き上げたのです。

ご覧になればおわかりいただけるように、この本は４ページ単位で「合格する勉強」を思い出させてくれる言葉が出ており、どこからでも少しの時間で読み返しやすいようになっています。

そして、机の上など常に目に触れるところに置いてもらうことで、**まるで私自身があなたのすぐそばにいて、アドバイスして軌道修正するのと同じ効果を得る**ことができます。

これまで教わってきた学校での勉強法にとらわれて、「合格する勉強」が何かを知らなかった人はもちろん、すでに私の本を読まれている方や試験勉強法に詳しい方も、**本書を手元に置いて、「合格する勉強」をただ知っている・わかっているだけでなく、実践し、継続してください。**

本書をめくり、目についたひと言で、「そうだった！」と気づくことで、止まったり、スピードが遅くなっていた試験勉強をまたやり始め、さらには加速していくでしょう。

試験勉強は、非常にシンプルなゲームです。

過去問をはじめ、合格に必要な対象を明確にして絞り込み、それをくり返し読み、思い出し、口に出すことで試験本番にめざす状態を作り上げていけばいいのです。

本書を活用すれば、**楽に楽しく試験勉強をいつでもどこでも行える**ようになります。

ぜひ、めざす試験にできるだけ短期間で合格してしまってください。あなたにとって試験合格は単なる通過点にすぎないでしょう。

今、めざしている試験に合格したら、どんな未来が開けてくるのですか?

1日も早く本当にやりたいことに向かって進んでいってください。

なお、本書をさらに効果的に活用していただけるよう、**目標シートを兼ねた50の言葉の一覧**がついています。ご購入後はすぐに切り離して、目標を書いて、一番目につくところへ貼ってください。

これでもう、勉強は止まらなくなるでしょう。

また、読者プレゼントとして、私が激励の思いを込めて吹き込んだ**50の言葉とそのショート解説音声**、さらには冒頭のカラーページに掲載した**過去問の読み方とテキストの覚え方の解説動画**を差し上げます（詳しくは244ページをご覧ください）。本書と合わせてご活用ください。

今後もブログ「だれでもできる！ 速読勉強術」（http://ameblo.jp/kosoku-tairyokaiten-ho/）を通じて読者サポートをしますので、ご感想やご質問をお寄せください。

それでは、本書があなたの試験勉強に役立つことを心から願っております。

なるほど！　合格勉強術　目次

第1章

「勉強する気が起きない」を克服する

第2章

「テキストや問題集が膨大」に惑わされない

第3章

「なかなか進まない」の背中を押す

第4章

「わからない」でも諦めない

第5章

「覚えられない」なんてありえない

第6章

「忙しくて勉強する時間がない」のウソ

第7章
「今のままで合格するか不安」に勝つ

column

装丁／冨澤崇（イーブランチ）
本文デザイン・ＤＴＰ／新田由起子・川野有佐（ムーブ）
イラスト／門川ようこ（pinocolina）

第1章

「勉強する気が起きない」を克服する

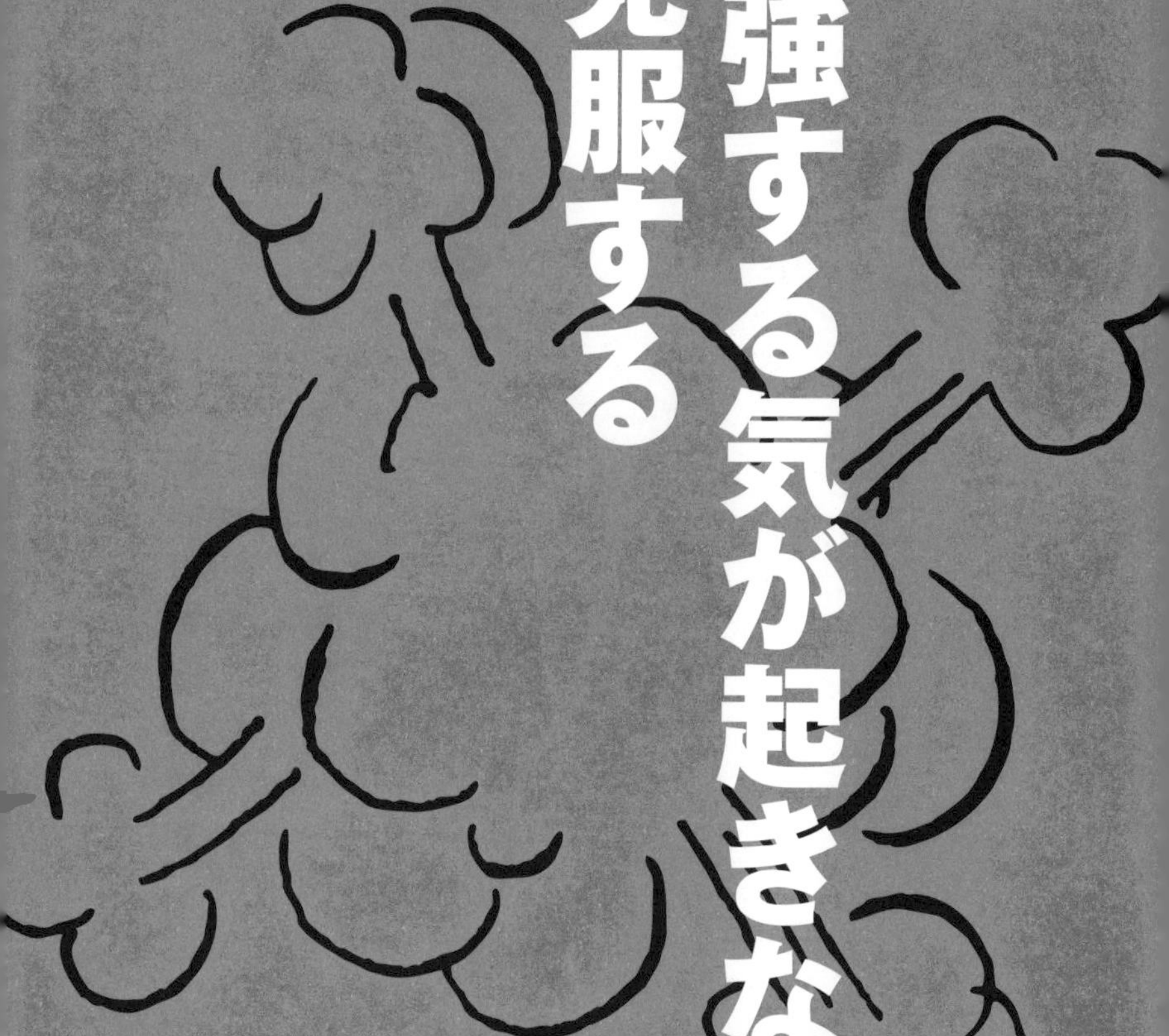

01

やる気が出ない人へ

やる気は降ってこない
ページをめくれば
やる気は出る！

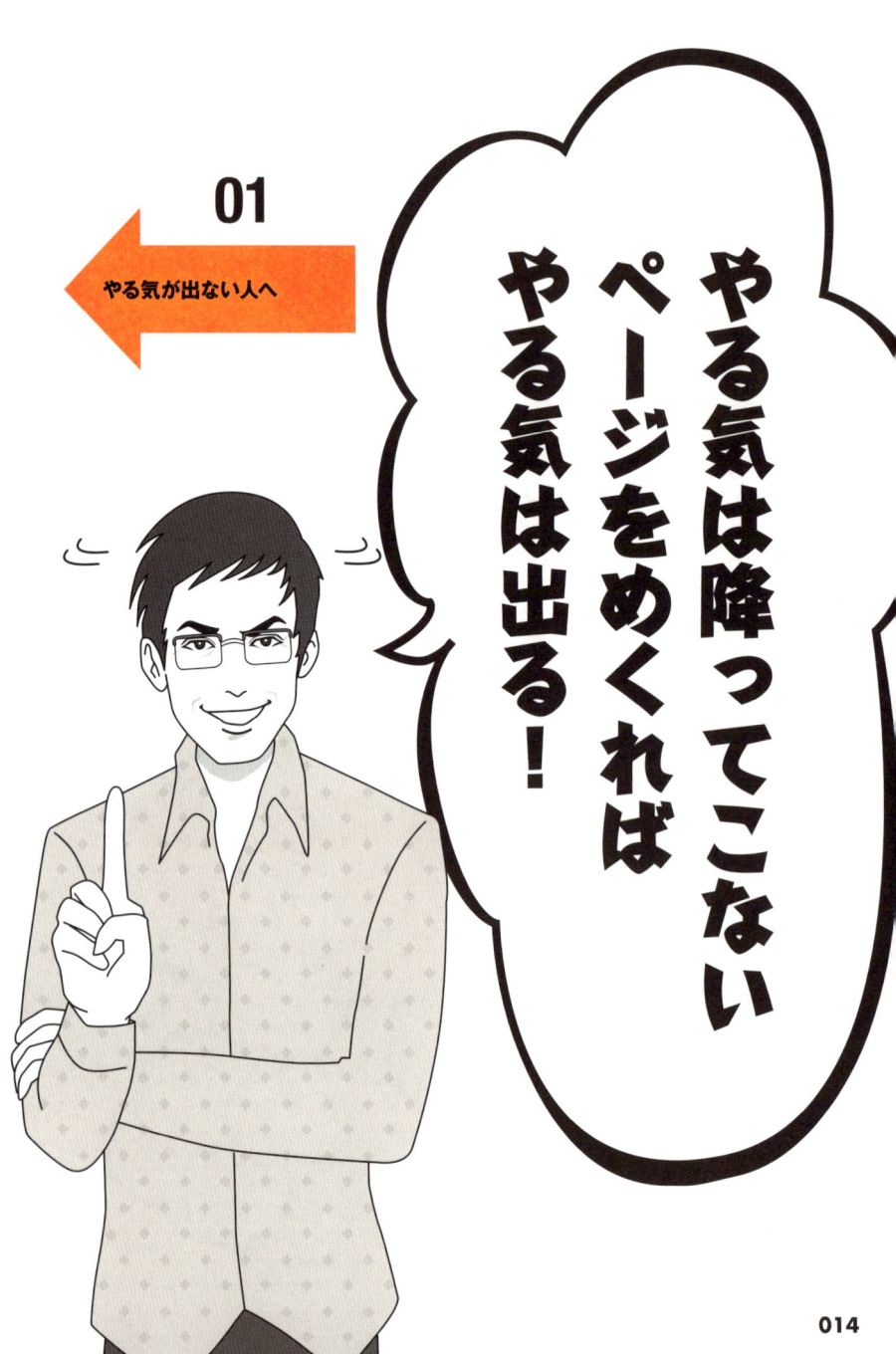

「試験には本当に合格したいんです。でも、やる気は出ないんです……。どうしたらいいでしょう？」

あなたはもしかして、「やる気がないと勉強できない、勉強してはいけない」なんて思っていませんか？

そんなこと、だれが決めたのでしょう？

もしかして、やる気まんまんで勉強に取り組んでいる自分を理想化して、そうだったときの自分を思い出し、憧れているのかもしれません。

確かにやる気にあふれて勉強するのはすばらしいですが、そこにこだわって勉強できないのは本末転倒です。

大事なことはやる気があるかないかは別にして、とにかく勉強すること。

「やる気がないと勉強できない」なんていう思い込みは、さっさと捨てましょう。

その代わりにあなたが身につけるべきは、

「やる気があろうとなかろうとページをめくる」こと。

やる気がないのに、無理にやる気を出そうとするから疲れて、勉強できないんです。そんなムダな努力はやめて、さっさと勉強することです。

「それができないから苦労しているんです……」と言われるかもしれません。

でも、やる気のないあなたでも、問題集やテキストに「触れること」はできますよね？

「まあ、触れるぐらいなら」

それで十分です。

そうしたら、ページをめくるぐらいはできますよね。

「まあ、それぐらいは……」

いいですね。それでは、**今、ページをめくって、何か目についた言葉があると思いますが、それを思い出してもらえますか？**

「何も覚えていませんよ」

そう言うかもしれませんが、ほんの少しでも覚えていることはあるでしょう？

「ほんの少しなら……」

ありますよね。おそらく何か言葉にできたと思います。そして、先ほど見た

必ず何かは残っています

「何も覚えていません」という人でも、聞いてみると必ず何かは残っています。「そう言えば因果関係という言葉があった」というように言葉が残っていたり、「右ページに表があった」というようにページイメージを覚えていたりします。最悪でも、「今、３ページほどページをめくって読んだ」という体験は残っているでしょう。まずは、そこからでいいんです。

ところを、もう一度見てください。すると、また何か引っかかるところがあるでしょう。

こうして、少しずつでもとにかく手や目を動かすことが大切です。

そして面白いことに、あれだけ勉強を始めるときに欲しかったやる気は、イヤイヤながらも勉強に取り組んでいるうちに、だんだんと出てくるのです。

そしてこれは、脳の仕組みからも正しいと考えられています。

脳には「側坐核」という「やる気」を生み出す場所があるのですが、ここが活動を始めるためには、ある程度の刺激が必要だというのです。

「やる気がない場合でもやりはじめるしかない」（池谷裕二　東京大学・大学院薬学系研究科・准教授、『海馬』新潮文庫）のです。

最初はほんの少しと思っていたところが、やる気が出てきて、気がつけばかなり勉強している自分がいるでしょう。

やる気がなくてもページをめくる
やる気は行動すれば出てくる

02

がんばりすぎる人へ

根性論は危険だ　がんばらないほうがうまくいく！

「もっとがんばらないと……」

なかなか思うように進まないとき、やる気が起きないときなど、ついつい自分にこんな声かけをしていないでしょうか。

周りからも「がんばって！」と声をかけられたりもするでしょう。

しかし、この**「がんばる」は、試験勉強において大変危険な言葉です。**

もちろん、「がんばる」こと、最大限の力を出そうとすることは試験直前、そして試験本番では重要になってくるでしょう。

しかし、試験直前でもなければ、この「がんばる」は試験勉強にとって逆効果です。

なぜなら、「がんばる」ことは「無理」を伴うからです。

あなたがめざしている試験は、１週間程度でなんとかなるものではないでしょう。短くても１か月、長ければ１年以上におよぶものだと思います。その間、ずっと「がんばる」ことはなかなかできません。

無理にがんばっても、どこかで疲れてしまい、その反動から、何もやらない時期がきてしまいます。

また、がんばることは、どこか肩に力が入ります。すると、がんばって「わかろうとする」とか、がんばって「覚えようとする」ということを伴います。

この「わかろうとする」「覚えようとする」ことの弊害については、後でも解説しますが、時間とエネルギーのムダを伴い、あまり効率的な勉強になりません。ついつい、目の前のことにとらわれがちにもなります。

だからこそ、がんばるよりも、がんばらないほうが、単純に試験勉強の効率からいえば正しいのです。

「でもがんばらないと、勉強にならないでしょう?」と思うかもしれません。

確かに勉強はしなければいけません。しかし、だからといってがんばる必要はないのです。

もし、あなたにがんばってやるべきことがあるとすれば、「がんばらないでも勉強すること」なのです。

がんばらないでも勉強するためには、何が必要か?

それは、**勉強の「ハードルを下げる」ことです。**

もしあなたが、勉強する気がしない。なかなか勉強に取りかかれないのであ

マラソンで最初からがんばりますか?

「がんばって!」。試験勉強に限らず、何かに取り組んでいる人に対するかけ声としてはよく使われますよね。でも、これを真に受けたら危険です。マラソンで最初からがんばって全速力で走ったらどうなるでしょう? 最後まで走り切れませんよね。試験勉強も同じです。試験本番当日まで走り切ることを目標にして、いきなりがんばるのはやめましょう。

ればあなたのやる気やがんばりが足りないと考えるのではなく、取り組む対象のハードルが高い、塊が大きいと考えるのです。

自分を変えるのではなく、勉強する対象を変えてしまうのです。

やることは単純です。

ひとつは、「量」を減らすことです。

もし、「このテキスト1冊を完璧にやる」と思っていて、でも取り組めないのであれば、範囲をとりあえず10ページとかに絞ってしまえばいいのです。それでもきつければ、最初の1ページだけに絞ればいいのです。

もうひとつは、「質」を下げること。

完璧をいきなり求めずに、とりあえずわかるところをチェックしようというように、やるレベルを下げてしまえばいいのです。

「量」か「質」、もしくは両方を調整してハードルを下げ、やることです。

まずは目の前の1ページだけを読む
悩んでいるよりとにかく始める

03

がんばりすぎる人へ

「環境の力」を使おう
「がんばる」より朝のカフェへ行け！

勉強しようと思っても、ついつい携帯電話やパソコンに手が伸びてネットサーフィンをしてしまったり、ゲームをしてしまうことがあるかもしれません。

勉強しなければいけないとわかっているのに、読みかけの本をそういうときに限って読みたくなったり、部屋の散らかりが気になって掃除を始める人がいるかもしれません。

そして、そんなことをしたあと、「勉強しなければいけないのに……」と後悔したり、「もっと本気にならないと」と自分を責めたりする人もいるでしょう。

そんな人は自分を変えようとする前に、勉強のハードルを下げることはもちろんですが、もうひとつの「変える」をしてみてください。

それは「環境を変える」ことです。

具体的にいえば、ネットにつなげない環境や、手元に読みかけの本がない環境に身を置いてしまうことです。たとえば、近くのカフェやファストフード、ファミレスなどに勉強に必要なものだけを持って行ってしまうのです。

そうすれば、勉強する確率は一気に高まります。勉強しようという意志力もそんなに必要ありません。

「そんな簡単には……」と思うかもしれませんが、環境の影響は強力です。

食べるのを我慢するときに、目の前にとびきりいいにおいがする料理があったら、料理がない環境に比べると、圧倒的に大変になりますよね。

このように環境というのは、大きな力となります。

自分を変えようとする前に、まずは環境を変えようとしてみてください。そして、それはすぐにできるはずです。

私事ですが、こうやって本を書くのは自宅ではなかなかできません。ネットや読みたい本に囲まれていたり、子どもがいるとついつい本を書くことから気がそれてしまいます。だから、私は本を書く必要があるときには、とにかく近くのカフェやファミレスに行ってしまいます。

そうすれば、一気に本を書く作業に入り、集中して続けることが楽になるのです（もちろん、携帯電話は家に置いていきます）。

あなたも、もし「勉強できない」と嘆いているのであれば、自分を責めたり、自分を変えようと思う前に、環境を変えることです。

意志力は限られた資源である

フロリダ州立大学の心理学者ロイ・バウマイスターの実験では「意志力は限られた資源である」ことがわかっています。つまり、意志力は使うたびに減っていくのです。たとえば何かを我慢していると、ほかのものに我慢がきかなくなってくるのです。意志力でなんとかしようとするより、この限られた資源を有効に使うという発想が必要なのです。

朝起きたら、すぐに家を出て、仕事前にカフェに入る。その際、携帯電話やスマートフォンはカバンのなかにしまっておくことです。もちろん、それでも見たくなるかもしれませんが、**目の前に置いて我慢するより、カバンのなかに入れて我慢するほうが格段に楽になります。**そして、何もない環境になれば勉強するしかなくなります。

夜も同じです。自宅に帰る前にほんの30分でもいいので、カフェやファミレスに寄りましょう。そうして、勉強する癖づけをしていけば、楽に勉強できるようになります。

なお、「カフェでないと勉強できない」という条件づけや思い込みになってしまうと、それはそれで困りますので、だんだんといつでもどこでも勉強できるようにしていくことは大事ですが、まずは物理的な環境を変えることで、悩んでムダに過ごす時間をどんどん減らしていきましょう。

今日、駅前のカフェに寄る
携帯電話はカバンの奥深くにしまい込む

04

よく悩む人へ

悩む時間がもったいない 今すぐ ほんの1秒でもやる！

「このやり方では、ダメではないだろうか？」

「このままでは、合格できないのではないか？」

試験勉強をしていると、こんな疑問が頭をかけめぐる経験はだれにでもあるでしょう。今のあなたは、まさにこんな疑問を抱いているのかもしれません。

しかし、こういった質問を自分に問いかけ、考えるのは時間のムダです。

なぜなら、完璧な勉強法はありませんし、未来のことは１００％確実にはわからないからです。

というより、今のままでダメな理由や合格できない理由を探し始め、どんどんと落ち込んでしまって、マイナスの効果しか生みません。

おわかりだと思いますが、**勉強しなければ合格しません。**

もちろん、勉強したからといって確実に合格するわけではありませんが、勉強しなければ確実に合格できません。

答えのない問いに悩んでいる時間は、ムダなのです。

そんな時間があったら、ほんの1秒でも多く勉強したほうが、ほんの少しずつでも合格に近づきます。

不安が出てきて、冒頭に挙げたような疑問が出てくるのはわかります。

しかし、その疑問を考えてもムダであることを本当に腹の底からわかってほしいのです。今、苦しいかもしれませんが、ほんの1秒でもいいんです。ほんの1ページでも、ほんの数行でもいいんです。今、取り組んでいる過去問やテキストを読んでいきましょう。そして、読んだことを思い出してみましょう。

これだけの勉強でも、確実にあなたを合格に近づけてくれます。

ある有名なマラソンランナーは苦しいレース展開のなか、もう諦めようとするときに、次のようなことをして乗り越えたといいます。

すぐ先の電柱だけを見て、「あの電柱まで走る」と走り続けたのです。

試験勉強もこれと同じです。

この1秒だけでも、この1ページだけでもと、苦しいときこそ目の前のものに集中して勉強し続けてみてください。合格までの長い道のり、高い壁に圧倒されそうになったら、目の前のものにだけ集中すればいいのです。

「時間がない」と悩んでいる人ほど、悩んで時間をムダにしています。

先日もこんな受験生がいました。


メキシコ五輪銀メダルの日本人マラソンランナー

「あの電柱まで」と走り続けたマラソンランナーがだれか知っていますか？　このランナーはこうして走り続けた結果、メキシコ五輪の男子マラソンで銀メダルを獲得しました。若い人は知らないかもしれませんね。君原健二さん。そのひたむきに走る姿は、見る人に感動を与え、「私もやるぞ！」という意欲をかきたててくれました。

「民法が５００ページもあってなかなか手がつけられないんです」

その言葉を何回も何回もくり返していました。おかげで、私はすぐその民法のテキストが５００ページあることを覚えてしまいましたが（笑）、やるべきことは別のことですよね。

そうです。**ほんの1秒でも1ページでもめくって勉強することです。**それだけでもくり返していけば、確実に合格に近づく知識を得られるのです。

自分が悩み始め、止まりそうなことを感じたら、この１秒だけ、この１ページだけというように、あえて目の前のものに集中していきましょう。

このほんの少しの意識の転換が、結果として大きな勉強時間の差、勉強の量につながります。

そして、その行動は確実に結果に結びつくのです。

「あと1秒」「あと1行」とにかく止まらず読み続ける

05

覚悟ができていない人へ

恥ずかしがらずに やってみよう 目標は紙に書いて貼れ！

あなたは「○○試験に合格する」という目標を紙に書いて壁に貼っていますか？

おそらく、書いていない人、貼っていない人がほとんどだと思います。

もし、あなたがこれを書いていない、貼っていなければ、今すぐ、紙に書いて部屋のよく目につくところに貼ってください。

「どんな紙に書こうか……」なんて考えている人。**とりあえず、どんな紙でも構いませんので、今すぐ書いてください。**

もしあなたが、「どんな紙にしようか」「どんなふうに書こうか」などと考えモタモタしていたら、あなたが自覚しているかどうかにかかわらず、それは目標を紙に書くということから逃げている証拠です。

そしてもうあなたがここから逃げないように、この本の巻頭に目標を書くための用紙をつけましたので、今すぐ、切り離して書いてください。

「目標は紙に書いて貼れ」というのは、これまでどこかで読んだり、聞いたりしたことがあると思います。

目標を紙に書いて貼ったら、すべては実現するなんていうことは言いませんが、少なくとも目標達成の可能性は高まります。なぜなら、常に忘れないでいる可能性が高まるからです。

そして、これにかかる費用はほぼゼロ。かかる時間もほぼ数分です。

これはやるしかないでしょう。でも、多くの人がやっていないんですよね。

さて、あなたはもう目標を紙に書いて貼りましたか？

もしあれこれ理由をつけてまだやっていなければ、今やってください。

なかには、書こうとしたところで、手が止まってしまった人がいるかもしれません。

そうなんです。**この目標を紙に書くというのは、ただ書くだけのように見えて、気持ち的にはある一線を越える感覚になることが多いのです。**

「うーうー、書けない……」

なんて止まってしまった人は、ちょっとハードルを下げてみましょう。「20○○年○月、○○試験に合格する」と口に出して言ってみるのです。

どうでしょう？　これにも少し抵抗を感じ、すぐに口に出せなかった人がいるかもしれません。ゆっくりでいいので、最初は小さな声でいいので、口に出

もう合格した自分になってしまいましょう

目標を紙に書いたあなたに、さらに強力なテクニックをお伝えします。それは試験に合格した自分の姿を五感をフルに使って想像すること。合格した瞬間を想像するのです。そのとき何が見えていますか？　どんな声や音が聞こえているでしょう？　どんな姿勢で、どんな気持ちになっているでしょう？　今この瞬間、もう合格した自分を体験するのです。

してみてください。

さすがに、これは言えたでしょう。今度は、もう少し大きな声で言ってみましょう。できれば立って、背筋を伸ばして言ってみてください。

「馬鹿馬鹿しい」なんて思っている人、もしあなたが本当に試験に合格したいのであれば、ぜひやってみてください。失うものは何もありません。

言ってみると、それだけで何かが変わった人がいるかもしれません。

また、変わらなくても、次のステップにいきましょう。そうです。紙に書くのです。

もう口に出しているので、今度はすんなりと書けるでしょう。

書けた方、おめでとうございます！

もちろん、書いたから合格するわけではなく、勉強しないと合格できませんが、**この一歩は大きな一歩**です。書けた自分をほめつつ、それを貼ってみてください。

「○○試験に合格する」と紙に書いて貼る

06

自信がない人へ

自信があれば努力できるこの魔法の合格暗示をつぶやけ！

私のブログへのコメントやメルマガ読者からのメールには、「このままで合格できるのか不安です」といったものがよく寄せられます。

「このままで合格できるのだろうか？」

この質問をしている時点で、申し訳ないですが「アウト！」です。

この質問のウラには、「合格できないかもしれない」という思いがあるからです。できないと思っていることに対して、あなたは努力できますか？

できないと思っていたら、勉強をやろうという気も起きないですよね。

そして勉強をやらなければ、現実に合格できないという結果が訪れます。

なので、**試験に合格するために大事なのは、「自分は合格できる」というところにまずは立つことなのです。**「合格できる」と思うから勉強しようという気にもなるし、努力もするわけです。

もちろん、合格するかどうかは運もかかわります。合格率が10％以上のものであれば、過去問の「常識化」（134ページ）や「テキストまるごと記憶」（206ページ）など、やるべきことをやりさえすれば、ほぼ確実に合格するでしょう。

しかし、合格率が10％未満のものは、絶対合格確実といえるレベルにまでいくのは簡単ではありません。とはいえ、合格するつもりにならないと、迷いなく勉強し続けることができないのです。

あなたは「根拠のない自信」という言葉を聞いたことがあるでしょうか？

これは、成功した起業家などはどこかで自分は必ず成功するという「根拠のない自信」を持っているということから使われる言葉です。

ビジネスで成功するかどうかは、試験合格よりも不確実性の高いものです。競合、顧客、そして市場環境などがどうなるかで成功するかどうかは大きく左右されます。

でも、成功するまでやり続けることが成功の大きな条件になります。

そして、**やり続けるためには、「根拠のない自信」が必要なのです。**

どこかで「自分にはできる」「自分はやれる」と信じているから、努力を継続できるのです。

「でも自信がなくて……」という人がいるかもしれませんが、自信はとりあえず持つものです。

あなたもめざす試験に合格したつもりになりましょう。

口癖が考えを変え、行動を変える

ここで紹介した「魔法の合格暗示」は別に怪しいものではありません。「自分は合格できる」という考えに立てば、不安なときより勉強をたくさんするので合格に近づくという至極当たり前なものです。行動が変わるのが大事です。決して、この暗示さえ唱えていれば合格する、なんて勘違いしないように。勉強しないと試験には合格しません。

そのためにも、試験に合格した瞬間をイメージしてみてください。

「自分には想像できません」なんて言う人がいるかもしれませんが、想像できなくても想像するのです。

先ほど、「〇〇試験に合格する」という目標を紙に書いて貼ってもらいましたが、これもひとつの作戦です。これをすることで、ほんの少しでもあなたが合格した瞬間がイメージしやすくなっているはずです。

それでも無理だという人は、もう少しハードルを下げてみましょう。

自信なさげで構いません。

「どうせ、自分は〇〇試験に合格するんだから」

と、つぶやいてみてください。ため息まじりでも結構です。これならどんなに自信がない人でも言えるでしょう。そして、少しでも合格するつもりになるのです。

これで、あなたは自然と勉強するようになっていくのです。

「どうせ、自分は〇〇試験に合格するんだから」とつぶやく

07

計画ばかり立てている人へ

計画よりも大事なこと 目的地と現在地を知る！

私は大学受験の試験勉強を始めたころ、よく試験勉強の計画を立てていました。

しかし、その後、社会人になってからの資格試験のための勉強では、「１日何ページやる」とか、「何月何日までにどこまでやる」とか、そういった計画はまったく立てなくなりました。

仕事をするなかで、**試験勉強というのは本当にシンプルなものだ**と気づいたからです。

試験の場合、過去問という本番の試験に近いものをあらかじめ知ることができます。試験範囲も明確で、そのためのテキストもあります。

要は、択一式であれば過去問に出ている知識をパッと見たときに、「こんなの常識でしょ」と判断できるようになればいいわけです。

記述式・論述式であれば、過去問に加えて、テキストに書いてあることをテキストなしで思い出し、書けるようになっていればいいわけです。

そのためにはとにかく、過去問やテキストを読むこと、そしてその内容を思い出すこと、それが自分自身の常識となるまで、覚えるまでくり返すことです。

そう思ったら、細かい計画を立てるなんていうのが馬鹿らしく思えてきました。そんな計画を立てるのに時間を使う暇があれば、今すぐ、過去問やテキストを読んで思い出す作業をし、それをくり返していったほうが試験合格につながるからです。

計画や時間がどうのこうのというより、とにかく試験本番までに仕上げるしかないのです。

やるべき過去問やテキストを最低限に絞り込んでしまえば、やるべきことは明確になります。

そして、あとで解説するように、「わかろう」としないで、「わかるところ」と「わからないところ」を分ける読み方で勉強すれば、毎日が試験になり、「自分がどこまでできているのか」、「あと何をすればいいのか」は、勉強するなかで自動的に明確になります。

試験本番当日までにめざすべき目標とそれに対する現状がはっきりと明確になれば、やるべきことはおのずと明らかになり、そのギャップを埋めようという行動が自然と起こってきます。

問題集やテキストの絞り込み方

「過去問やテキストを最低限に絞り込むというのは？」。よく聞かれる質問です。まずは、過去問だけに絞り込んでください。記述式・論述式であれば、過去問に加えてテキストが必要ですが、それも１種類だけに絞ります。まずは、これらを徹底的に「潰す」こと。新しいものに手を出すのは、それができてからで十分です。

もしあなたが、細かい計画を立てなければ試験勉強の全体像がつかめない、これでいいのかわからないというのであれば、時間を使うべきことは細かい計画を立てることよりも、取り組む過去問やテキストを徹底的に絞り込み、不要なものを捨てることです。

自分で「試験本番までにやるべきことはこれです」と明確にイメージできて、言葉にできるぐらいまで絞り込むことです。

もちろん、そのためにも過去問を読んで、本番の試験と自分自身の現状を知ることは最初に欠かせません。

もし、絞り込むことができないという場合でも、やるべきことは計画を立てることではなく、今すぐ、過去問を読んで、どんな試験なのか、どんなレベルの知識がどのように問われるのかを知ることです。そして、自分自身の現状のレベルを知ることです。

計画なんて立てている場合ではないのです。

試験本番当日にめざす状態を書く　現状とのギャップと向き合う

column 1

奇跡の相乗効果をもたらす高速大量回転法とは？

この本の試験勉強法のベースにあるのは「高速大量回転法」です。

これは、私が20年以上にわたる速読の実践体験から生み出した独自の勉強法・速読法で、過去問やテキストを「高速」（ざっくりざっくりと止まらずに）で「大量回転」（何十回、何百回とくり返す）する方法です。

私が初めて速読に出会ったのは、大学2年生のとき。今から30年近く前のことです。「1冊3分で読める！」という驚きのキャッチコピーの本を読んで、興奮した私は、当時、東京・高田馬場にあった速読教室に通い始めたのです。

しかし結果は……挫折。期待していた成果は得られませんでした。

数多くの速読から生まれた「使える」速読法

その後も諦めきれずに、さまざまな速読教室・講座に通いました。SRS速読、クリエイト速読、波動速読、フォトリーディングなどなど。そのほか、通信教材での自宅訓練も行いました。実践した速読法は10以上にものぼります。

確かに本を速く読めるようにはなりましたが、そこでうたわれている「速読脳の開発」「右脳が開く」「潜在意識の活性化」「頭の回転が速くなる」といった感覚は得られず、期待していた成果を得てはいませんでした。

そんななか、2002年、フィナンシャルプランナーの上級資格であるCFP®試験の試験勉強をするなかで、大きなブレイクスルーが起こり、ひとつの方法を生み出しました。これが「高速大量回転法」です。

高速大量回転法の二大原理

高速大量回転法は、簡単な二つの原理から成り立っています。

ひとつ目は「速く読むから理解できる」。

「速く読むと理解できないのでは?」と思う人が多いかもしれません。確かに速く読むと理解がついていかない側面もあります。しかし、速く読むことで今読んだことを忘れないうちに次を読むことができます。細かいところは理解できなくても、全体の文脈を押さえながら読めるので、ゆっくり読むより理解できる側面もあるのです。

もうひとつの原理は「1回目よりも2回目のほうが速く読める」。

これは多くの人が体験していることでしょう。なかなか同じ本を2回読むということはこれまでなかったかもしれませんが、もし読んだことがあれば、「1回目よりも2回目のほうが速く読める」を体験されたでしょう。

これは、1回読むことで全体の文脈がわかったり、覚えることも少しは出てくるので、2回目が速くなるのです。

奇跡の相乗効果を引き起こせ

「で、これがどうしたの?」と思われるかもしれませんが、この二つの原理を組み合わせることで「奇跡!」ともいえる相乗効果が生まれるのです。

その効果とは……。

速く読めるから、たくさんくり返せる↓たくさんくり返せるから、さらに速く読める↓さらに速く読めるから、さらにたくさんくり返せる↓……。

この相乗効果による大量のくり返しの結果、記憶・理解を効率的に行うことができるのです。

第2章

「テキストや問題集が膨大」に惑わされない

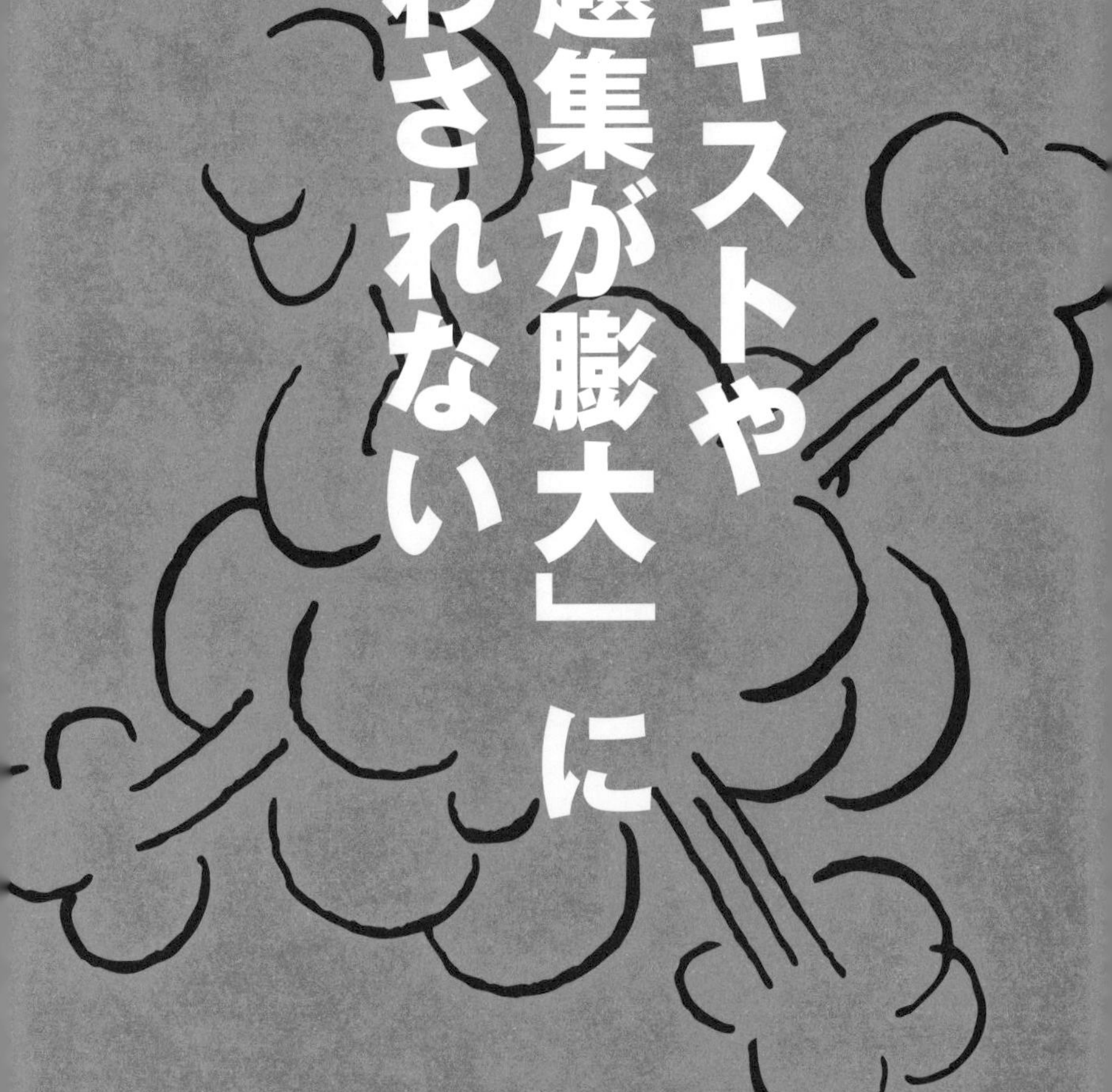

08

やることが
定まっていない人へ

買っただけのテキスト・問題集……何を勉強するかを決めろ！

あなたは今、取り組んでいる問題集、テキストをすべて言えますか？

「えーと。たくさんありすぎて……」

すぐにタイトルを答えられない人は、要注意です。タイトルも覚えていないのに、その問題集やテキストについて勉強できるわけがありません。

おそらくあなたの問題集やテキストは、本棚に立ててあったり、いろいろなところに散らばっているのでしょう。**まずは、すべての問題集やテキストを集めて、部屋全体に広げてみてください。**そして、眺めてみましょう。

さて、改めて持っている問題集やテキストと向き合ってみて、どんな気持ちがするでしょうか？　いろいろな思い、気持ちが出てくることでしょう。

「こんなにあったんだ」

「うわぁ、こんなに試験本番までにできるかな」

なんていう不安を持つ人がいるかもしれません。

それ以前に、

「そうそう、こんなテキストも買っていた」

「懐かしいな、この問題集。途中までやりかけていたのに」


「いつわりの希望シンドローム」にはまるな！

あなたは新しい参考書や問題集を買って「これから自分は変わるぞ！」と決心したことはありませんか？　決心した瞬間は高揚感もあったでしょう。しかし、その後どうだったでしょう？　おそらく、しばらくすればまた落ち込んでしまいませんでしたか？　期待していたほどの変化は生まれず、またそこから抜け出たくて……

次頁へ続く

なんていう人もいるでしょう。

また、

「たったこれだけやればいいんだ」

「こうやって眺めると思ったより少ないなぁ」

と、試験合格の自信を深めた人がいるかもしれません。

どんな状態であってもいいです。どんな状態であったにせよ、**こうやって全体を眺めることで、あなたは現実と向き合うことになり、試験勉強が地に足のついたものになっていきます。**

そして、並べて眺めたあとで次に行うべきは、必要最低限のものに絞り込むことです。

たくさん問題集やテキストを持っていると、何か武器を手に入れた気になって、心強いかもしれません。

しかし、それは錯覚です。

試験本番では、そのすべての武器は使えません。あなたは、素手で試験問題と戦うのです。


また新たな本を買って「変わるぞ！」という決心をして、また高揚感を味わう。しかし……また同じようなくり返しにはまることがよくあります。こんなくり返しをトロント大学の心理学者ジャネット・ポリヴィとC・ピーター・ハーマンは「いつわりの希望シンドローム」と名づけています。これにはまって勉強が疎かにならないよう注意しましょう。

その戦いで使えるのは、問題集やテキストに取り組んであなたに身についた知識だけです。そう思えばどうでしょう？　たくさん問題集などがあればあるほど1冊に割ける時間が少ないので、付き合いが薄くなって、あなたに身につくものは減ってしまいます。

少ない量の問題集やテキストと濃い付き合いをして、あなたの身につくものを増やすことが試験合格の鉄則です。

そんな視点で改めて、目の前の問題集やテキストと向き合ってみましょう。

試験本番当日まで、最後まで付き合いたいと思うものはどれですか？

あなたが試験本番まで、親しく付き合える数はどれぐらいでしょう。減らせば減らすほど、濃密な付き合いができます。

1冊1冊手に取りながら、あなたの心に問いかけ、あなたが本当に試験本番当日まで付き合うものを選んでいきましょう。そして、残りは捨てるのです。

持っている問題集・テキストを床に並べて、不必要なものを捨てる

09

長い間勉強している人へ

基本ができれば半分合格したも同然だ基本を確実にものにしろ！

勉強しない人が試験に合格しないのは当然ですが、一生懸命勉強しているのに、なかなか試験に合格しない人がいます。

そんな人に共通する特徴があります。それは……。

細かいところに異様に詳しいこと。

どの試験でも問題は難易度にバラつきがあり、たくさんの人が解ける基本問題もあれば、これまでに出たこともないような難問もあります。なかには、「なんでこんな問題？」という奇問もあったりします。

なかなか合格しない人は、こういった難問・奇問に異様にこだわるのです。

その結果、何が起こるでしょう？

そうです。基本知識があやふやになり、基本問題でポカミスをするのです。

もちろん、長年勉強しているわけですから、基本問題もまったくチンプンカンプンということはありません。

しかし、知識がしっかりしたものになっておらず、あいまいなため、お決まりごとのように、間違いやすい選択肢に引っかかることが多くなるのです。

これは「知識のドーナツ化」といわれる現象です。

ついつい勉強していくうちに、細かい知識にはまり、そちらを調べたり考えたりするほうが面白くなって、基本知識がおろそかになってしまうのです。

基本知識は何度も出てきますから、「もうわかっている」とわかったつもりになったり飽きてしまって、目新しい、そして勉強仲間に自慢できる瑣末な知識にはまっていくわけです。

冷静に考えれば、実際の試験問題でそういった細かい知識が問われる難問・奇問はほんの一部です。

たとえば、簡単なものからA、B、C、Dの難易度で問題を分類すると、もっとも多いのは、AかBです。そして、**AとBを確実に解けば、多くの試験で合格圏内に入ることができるのです。**

「そんなAやBレベルの問題だけでいいのなら、だれでも合格できますよ」と思うかもしれませんが、先ほども書いたように、たとえA、Bレベルの問題といえども、引っかけようとしてきますから、あいまいな知識だと、いくつか落としてしまうのです。

それが、試験に合格できるかどうかを分けるのです。

満点を取るつもりでないと7割なんて取れない?

「最初から7割目標ではダメ。満点を取るつもりでちょうどいいぐらいだ」といった意見もよく聞かれますが、そういう意見は厳しいようでいて、実は試験をナメた甘い考えです。基本問題といえども確実に取るのは簡単ではありません。単に「解けた!」ではなく、そのスピードを速くすることが必要です。勉強した範囲だけでなく、その質が問われるのです。

そういった問題を試験後に振り返ると、「なんで、こんな問題を間違えたんだろう」と思うでしょう。そして、「うっかりミスだった」なんて思いますが、それは「うっかり」したことが原因というより、「うっかり」する余地があるレベルだった知識の定着度にあるのです。

もう一度、過去問を見直してみてください。

合格点を取るために、どんな知識を押さえておくことが必要か確認してみましょう。

それは、思ったほど多くないことに気づくと思います。

ただし、「これは楽勝」なんて安心してはいけませんよ。

その少ない範囲の基本知識をあいまいなレベルではなく、即答できるレベルにまで身につける必要があるのです。

それには、大量のくり返しが必要です。

何か難しいことを覚えたり、人並み以上の頭が必要なわけではないのです。

難易度A、Bの基本問題を即答できるまでくり返す

10

本選びで迷っている人へ

入門書から入るな わからなくても“本命”から取り組め！

「これだけはという問題集、テキストに絞り込めと言われても……。初学者なので、まずは入門書から入るしかないですから……」

こんなふうに思う人がいるかもしれません。

確かに、何かを勉強する際に、わかりやすい初歩的な入門書や入門講座から入り、そこから基本書や基本講座、さらには分野別専門書や専門講座に入っていくのが一般的です。

実際、初学者が入門書をすっ飛ばして基本書を読もうとしても、知らない単語が多かったり、入門書に比べれば文字がぎっしり詰まっていて、読む気もしないかもしれません。

ただ、**入門書と基本書では、重複する部分が必ずあります。そして、入門書から入れば、基本書に取り組むタイミングはそれだけ遅くなります。**

入門書から取り組むことのメリットはありますが、このデメリットも押さえておくことは必要です。

そして、いきなり基本書を読もうとしたときに、読む気がしないとしても、それを読む気にさせる、そして実際に読み始められる手段はいくつもあります。

従来の読み方、勉強法では太刀打ちできなかったテキストでも、わかろうとしないで、ざっくり・くり返し読んで、だんだんとわかっていく読み方にすれば、楽にハードルを下げて読み始めることができます。

なので、私は安易に入門書に飛びつくことをお勧めしません。

まずは、これを試験本番当日までに仕上げれば合格圏に入ると思える本、いわば、〝本命〟から取り組みましょう。それはいわゆる基本書というものになると思いますが、それをまず始めることを標準として考えてください。

そして、**範囲を絞ったり、ざっくり読もうとしても、太刀打ちできないという場合に限り、入門書から始めるという選択をしてください。**

対象を増やすことは簡単ですが、増やすことで失っているものは自覚しにくく、その影響はボディブローのように効いてきます。

また逆に、必要以上に難解だったり、分量が多い本も選ぶべきではありません。

具体的には過去問をくり返し回転するなかで、知識のレベルや範囲は考える必要がありますが、見落としがちなポイントを二つ挙げておきます。

基本書とは何か?

「基本書」というと司法試験などでは、大学の先生が書いた本を指すようですが、ここでいう「基本書」はそれではありません。たとえば、試験予備校が市販しているテキストであり、そのなかでも入門講座や試験直前講座以外の本講座のテキストにあたるものです。そのほか、ページ数の少なさから「総まとめテキスト」を基本書とする選択肢もあるでしょう。

ひとつ目は、試験では満点を取る必要がないということ。

試験でめざすのは、満点ではなく合格です。そのことをまず確認してください。

「満点をめざすのに越したことはないでしょ？」

そう思われるかもしれませんが、満点をめざすことによって、合格点も取れなくなることがあるのです。

二つ目は、テキストを試験で通用するレベルまで仕上げるのは思ったほど簡単ではないということ。

本を読んでなんとなく「わかる」というレベルでは、本番の試験では「あれ、書けない」ということになります。本番という緊張する場面では、本当に身についてないと、自信を持って書けないのです。

あいまいな知識がたくさんあってもダメです。それよりも、少なくても確実に使える知識のほうが、試験合格には役立つのです。

「とりあえず入門書」は危険 〝本命〟に今すぐ取りかかれ

11

ついつい
がんばりすぎる人へ

完璧主義は身を滅ぼす
満点を狙うな
7割をめざせ!

前項目で「満点を狙う」ことの危険性をお伝えしましたが、満点を狙おうとしていた人にぜひ注意してもらいたいことがあります。

それは「完璧主義のワナ」です。

あなたは、過去問やテキストを読んでいて、わからないところがあると、それを潰そうとあれこれ調べようとしませんか？

「しっかり勉強していて、すばらしいじゃないですか」

あなたは、そう思われるかもしれません。

確かに、目に見えるところではそうでしょう。わかるところが増えていっていますからね。

でも、**目に見えないところでは、失っているものがたくさんあるのです。**

まずは、時間です。もし、今わかるところだけを読んでいて、わからないところは飛ばしていったらどうでしょう？

もっとたくさんの範囲を読めたはずですよね。

このように「満点を取ろう」とすると「完璧主義のワナ」にはまり、あれこれ調べるあまり、わかるところは少しは増えたとしても、ほとんど範囲を広げることができなくなるのです。

もちろん、勉強時間が無限にあるのであればいいでしょう。しかし、勉強時間は有限ですから、勉強できない範囲が出てきてしまいます。

さらに悪いことに、そうやって一生懸命調べながらわかっていった知識も、どんどんと忘れていきます。もし、一回わかったことに満足してそのあと復習しなければ、忘れていって、その部分さえも試験本番では役立たないのです。

人は、目の前のものにとらわれがちになります。そこに「満点を狙う」なんていうマインドを持つと、「完璧主義のワナ」にはまり、どんどんと細かいところにはまっていくのです。

試験に合格するためには、満点は必要ありません。「7割でいいんだ」という気持ちが、この「完璧主義のワナ」から逃れる秘訣です。

なお、これは試験勉強だけではなく、セールスなどでも起こります。

売れないセールスは、目の前の見込み客になんとか買ってもらおうと一生懸命説得します。そして、断られないようにがんばります。それで売れることもありますが、そのためにひとりの見込み客に膨大な時間を使ってしまいます。

売り込まないから売れる

セールスをたとえに説明しましたが、納得してもらえましたか？ 「売り込まないセールス」自体、一般的でない考え方なのでピンとこないかもしれません。そんな人は私が翻訳した『売り込まなくても売れる！ 実践編』（ジャック・ワース著 フォレスト出版）を読んでみてください。セールスも試験勉強も楽になり、一石二鳥です。

そして、売れないと、そこで「こんなにがんばったのに……」と落ち込みます。トータルで見れば、結果はさんざんなものになるのです。

一方、売れるセールスは、目の前の見込み客になんとか買ってもらおうなんて説得はしません。行うことは、目の前の見込み客が買う気があるかどうか、買う条件を満たしているかどうかを見極めること。

もし、買う気がまったくなかったり、買う条件を満たしていなければ、さっさと話を打ち切り、次の見込み客に時間を使います。

結果、たくさんの見込み客と接することにつながり、結果としてもたくさん売れるのです。

試験勉強でも、これと同じようなことが起こります。目の前の問題や知識にとらわれている人ととらわれていない人とで、結果に大きな違いが表れます。

今、わかるところに注目し、どんどんと先に進むことが結果的に効率的な勉強になり、合格へとつながるのです。

「わからない」用語はいちいち調べない　とにかく先に進め

12

新しい本に
よく手を出す人へ

範囲を広げれば質は落ちる「とりあえず買っておこう」はやめろ！

あなたは、「自分は合格するだろうか？」なんていう不安に襲われたとき、どうしますか？

ついつい試験勉強をやめて、ネットで試験勉強に関する情報を調べたりするのではないでしょうか？　もっといい問題集やテキストがないか調べたり、何かもっと効率的な勉強法がないか調べたりするでしょう。

ネットではなく、書店に見に行く人がいるかもしれません。

そこには、何か希望を与えてくれるようなキャッチコピーが書かれた魅力的な問題集やテキストが並んでいます。

そして、**手に取って眺めてみると「隣の芝生」の原理が働いて、今自分が取り組んでいる問題集やテキストよりもよく見えるものです。**

もちろん、勉強しやすい形の問題集はありますので、あらかじめそういった問題集を選んでおくことは重要です（詳しくは拙著『合格（ウカ）る技術』（すばる舎）をお読みください）。

テキストにしても、いろいろなレベルや形式のものがあるので、自分のレベルや好みとの相性もあるでしょう。

ただ、新しい問題集やテキストに乗り換えたり、さらに勉強対象として加えると、莫大な損失をすることを覚悟する必要があります。

まず押さえておいてもらいたいのは、「範囲と質のトレードオフ」です。

つまり、**範囲を広げると質は低下する**ということです。

新しい問題集やテキストを買う際、支払うお金は投資というか損失として目に見えるものの、それ以外は無条件にプラスと思われがちです。

「ムダにはならないから、とりあえず買っておこう」と思って買うわけです。

その際に、「範囲と質のトレードオフ」は、ほとんど考慮されていません。

新たな問題集やテキストを買うこと、勉強の対象として加えることで、確実にこれまで勉強してきた問題集やテキストをくり返せる回数は減ります。そして、勉強の質は低下するのです。

このことをしっかりと踏まえておかないと、どんどんと新たな問題集やテキストを買って、手を広げてしまいます。これは、予備校の特別講座などを受講することでも同じことが起こります。

試験合格への不安から、その不安解消についつい手を出してしまうのですが、

衝動買いをしないために

新しい問題集・テキストに手を出す危険性をわかっても、実際に「買いたい！」と思ったときにやめるのは簡単ではありません。理性よりも感情の力が強いからです。しかし、感情は持続しづらいという特徴があります。なので、感情をムリに抑えるのではなく、「3日経っても買いたければ買う」とルールを決めて、とりあえずその場から離れることが有効です。

それが個々の問題集やテキストの勉強の質の低下を招き、試験合格へつながるどころか、試験合格から遠ざけてしまうことになっているのです。

私もＣＦＰ®試験や行政書士試験のときに不安になって、試験本番直前になって、試験直前対策レジュメや記述式対策テキストなどに手を出しました。

そして結果としては、それがほとんど役立ちませんでした。それよりも、**それまでやっていた過去問やテキストにこだわって集中したほうがよかったと、あとでつくづく思いました。**

おそらく、これを読んで「そうそう」と思ったあなたも、試験直前に不安になると、ついつい新しい問題集やテキストを買いたくなるかもしれません。そのときは、「範囲と質のトレードオフ」を思い出してください。よかれと思うその行動が、実はとんでもなく危険な行動なのです。

買うことのメリットはもちろんありますが、デメリットも書き出して明確にしたうえで慎重に判断することです。

新しいテキストや問題集、買って得ること、失うことを書き出す

13

勉強に取りかかれない人へ

厚い本と薄い本
どっちがめくりやすい？
厚い本はバラせ！

先日行ったセミナー参加者からの質問で、次のようなものがありました。

「民法のテキストが500ページもあって大変なんです。どうしたらいいでしょうか？」

確かに500ページもあるテキストを想像すると、あなたも「うっ」と圧倒されるかもしれません。

こんなとき、**まずは、テキストの不要な部分を切り離しましょう。**

予備校が出版している本であれば、後ろにはたいてい広告ページがついています。まずは、それを切り離してしまいましょう。ちょっと薄くなるだけでも、手に持ったり、ページをめくったりするのが楽になります。

さらに、こうやって本を切り離すことに慣れたうえで、ぜひやってもらいたいのは、テキスト自体をバラしてしまうことです。

たとえば、1章分だけを切り離してみてください。

せいぜい数十ページになるでしょう。

500ページのテキストを持ったり、目の前にしている感覚と、数十ページのテキストを持ったり、目の前にしている感覚とを比べてみてください。

数十ページなら手に取ろうとも思うでしょうし、ページをめくることはそんなに苦にならないでしょう。

このようにテキストや問題集のページ数、本の厚さも、勉強に大きな影響を与えます。そこでやる気や精神力だけに頼って、「がんばらなければ」と分厚いテキストに取り組むのは愚の骨頂です。さっさと、テキストや問題集をバラすに限ります。

分厚いテキストを目の前にしてめくるのを躊躇《ちゅうちょ》したり、手に取るのが億劫に思う時間は確実に勉強時間のロスとなります。

ほんの少しの時間と思うかもしれませんが、「チリも積もれば山」となります。

もしあなたがテキストや問題集を手に取ったり、ページをめくったりするのに躊躇しているのであれば、さっさとバラしてしまいましょう。

バラしてみるとわかりますが、そのテキストや問題集に圧倒されなくなるので、とても身近な存在に感じます。そして、手に取りやすくなるので、さらにそのテキストや問題集との心理的距離が縮まって、ますます身近な存在になっ

バラすことのデメリット

厚い本をバラすことはメリットが多くお勧めですが、もちろんデメリットもあります。最大のデメリットはバラして冊数が多くなると、管理の手間や、勉強までの段取り時間が余計にかかること。このため、楽に回転できるようになったら、逆にガムテープなどでまとめていくなど、バラすことのデメリットを減らしていく対処も必要です。

てきます。そうなると、さらに手に取りやすくなるので、ページをめくるのも楽になり、どんどんとそのテキスト、問題集と親しくなり、内容にもなじみが出てくるのです。

このように、**「バラす」というほんのちょっとした行動が大きな差を生み出すのです。**

バラして薄くすると、持ち運ぶのも楽になり、カバンに入れようとか、ポケットに突っこんでおこうという気にもなります。それがまた、見る回数を増やし、さらに勉強が進んでいくのです。

難しい本、分厚い本ほどきっちりと装丁されているので、バラすのに抵抗を感じるかもしれませんが、そういった本ほどバラすことが必要になりますし、バラすことで一気に勉強が楽になります。ここは、躊躇せずさっさとバラしてしまいましょう。

まずは広告ページを切り離し、本をバラすことに慣れる

14

とりあえず
勉強しているだけの人へ

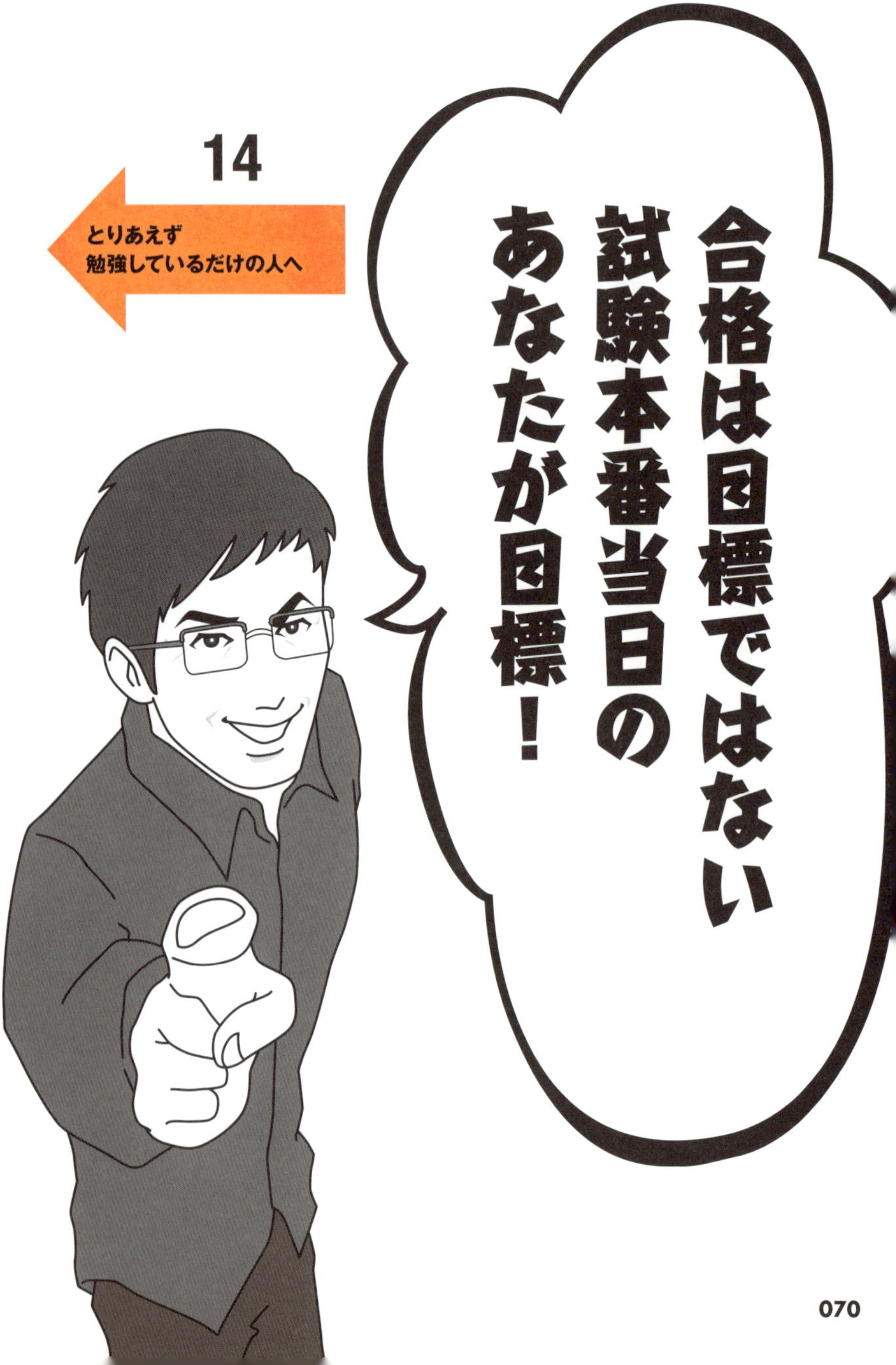
合格は目標ではない
試験本番当日の
あなたが目標！

「このままで合格するのだろうか？」

「勉強しなければいけないことがたくさんありすぎて……」

最初はモチベーション高く始めたものの、だんだんあれこれ不安が出てきて、勉強が止まってしまっているとしたら、まずは最終目標を再度確認しましょう。

「もちろん、試験に合格することに決まっているでしょう」

そう答える人が多いとは思いますが、ここで改めて確認してもらいたいのは、あなた自身がコントロールできる目標のことです。

試験合格というのは、あなたが決めることはできませんよね。運もかかわりますし、さまざまな要因がかかわってきます。これを最終的にはコントロールすることはできません。

この試験合格のために、あなたがコントロールできるのは最終目標です。

より具体的にいえば、**試験本番当日にあなたはどんな状態になっていればいいか？**です。

「できるだけたくさんの問題集、テキストをできるだけ完璧にすることですよ」

過去問は何回分やればいいのか？

過去問は必須といっても、何年分・何回分やればいいのかが、実践するうえで大事なポイントになります。では何回分やればいいのか？　これは試験によって大きく変わります。たとえば、私の場合、CFP® 試験では４回分でしたが、行政書士試験では 20 回分を行いました。これは１科目あたりの試験時間・問題数や試験範囲の広さによって変わります。

次頁へ続く

というのは最終目標ではありません。

具体的ではないですし、そういった目標ではそもそも「絶対にその状態になる」という決意・覚悟の生まれようがありません。

ここではもっと具体的に、「これは必ず達成する！」という絞り込んだ、具体的な最終目標を確認したいのです。

私が考える標準的な最終目標をお伝えしましょう。

択一式試験であれば、過去問を「こんなの当然でしょ」と常識化すること。

記述式・論述式試験であれば、一冊のテキストを「まるごと記憶」すること、つまりその本が手元になくても内容を思い出し、書き出せることです。

「過去問は何回分やれば？」

「テキストはどのレベルのものを？」

さらにそんな質問が出るかもしれませんが、これについては試験の種類や受験するあなたのレベルによって変わります。そしてこれを知るためには、過去問を読むことしかありません。今すぐ、過去問を読み始めましょう。

このように、「試験本番当日にどんな状態をめざすのか？」という問いを自

CFP® 試験は 6 科目あり、金融資産運用設計など 1 科目の試験時間が 2 時間。問題数は 60 問。一方、行政書士試験は民法、行政法などの法律、さらには一般知識を合わせた全体で 2 時間。問題数は、記述式も含めて 60 問です。試験範囲と問題数の違いから、勉強する過去問の回数は CFP® 試験のほうが行政書士試験よりも少なくなることは明らかでしょう。

分に投げかけ、それを具体化していくことで、自分自身が何を勉強すればいいのか？　結局のところ何をめざしているのかが明確になってきます。

そして具体化してみることで、たとえたくさんの分量だとしても、心は落ち着いてきます。試験に合格するためには、それをやるしかないからです。

「試験本番当日までに、これらをどうしたら常識化（もしくは「まるごと記憶」）できるだろう？」と考えていけば、おのずと日々の行動が見えてきます。そして、今やるべき行動も見えてきます。

多くの人が、闇雲にがんばって勉強しようとしています。しかし、**まずはそもそもどこをめざしているのか、それをはっきりさせましょう。**

もちろん、過去問を読んだり、勉強を進めるなかで変化することもあります。ただ、目標が明確になることで、「やるしかない」と腹が据わるのです。

めざす「試験本番当日の自分の状態」を書き出す
ゴールから逆算して考える

column2

「脳にやさしい」高速大量回転法

高速大量回転法は「くり返し」を楽に、効率的に行う方法です。

これに対し、「くり返さなくてもいい方法はないの？　できれば1回だけで記憶・理解できたらいいのに……」と思われるかもしれません。

しかし、この「くり返し」は脳が記憶・理解する原理であり、われわれはここから逃れられません。いわば、万有引力の法則のようなものです。

脳が記憶・理解する原理とは？

『記憶力を強くする』（講談社）など多くの著作がある東京大学・大学院薬学系研究科・准教授の池谷裕二さんは、次のように述べています。

「記憶とは『失敗』と『繰りかえし』によって形成され強化されるものなのです」

また、理解の手順として、次のようにも述べています。

「ちがいの大きなものを区別できるようになってからでないと、ちいさいものを区別できるようにならないのです。こまかい事象の差を知るためには、まず一度大きく事象をとらえて理解することが必要なのです」

つまり、まずは大きくとらえつつ、くり返すなかでだんだんと細かいところに入っていくことが、脳の記憶・理解の原理に基づいた、脳にとってやさしい方法なのです。

「高速」な読み方とは＝ざっくりざっくり

そして、高速大量回転法とは、この脳の記憶・理解の原理に基づいた読み方でもあるのです。

「高速」な読み方とは、速読を応用したものであり、速読の特徴である、「音にしようとしない」「わかろうとしない」で読みます（詳しくは拙著『どんな本でも大量に読める「速読」の本』（大和書房）をご参照ください）。

それが具体的にどういう読み方になるかというと、わからないところで止まらない読み方であり、さらには、章タイトルや見出しなどの大枠からとらえて「ざっくりざっくり」と読んでいく読み方なのです。

これは、まさに脳にやさしい読み方そのものです。

そして、この「高速」なざっくりざっくりとした読み方によって、くり返すこと、しかも、大量回転することが可能になるのです。

「くり返し」を受け入れる

だれもが、なんとかくり返しを避けたい、減らしたいと考えます。しかし、それは結果的にムダを生み、非効率な読み方となってしまいます。

逆に、「くり返し」という脳の基本原理を受け入れることで、実は一気に道が開けてくるのです。

くり返しを減らそうとするのではなく、

くり返しをいかに楽に行うのか？

いかにたくさんくり返しを行えるようにするか、

という発想に切り替えることで、効率的な読み方が見えてくるのです。

そして、それこそが高速大量回転法です。

一見、非常識に見える高速大量回転法こそが、脳の記憶・理解の原理をフルに活用する効率的な読み方であり、勉強法なのです。

第3章 「なかなか進まない」の背中を押す

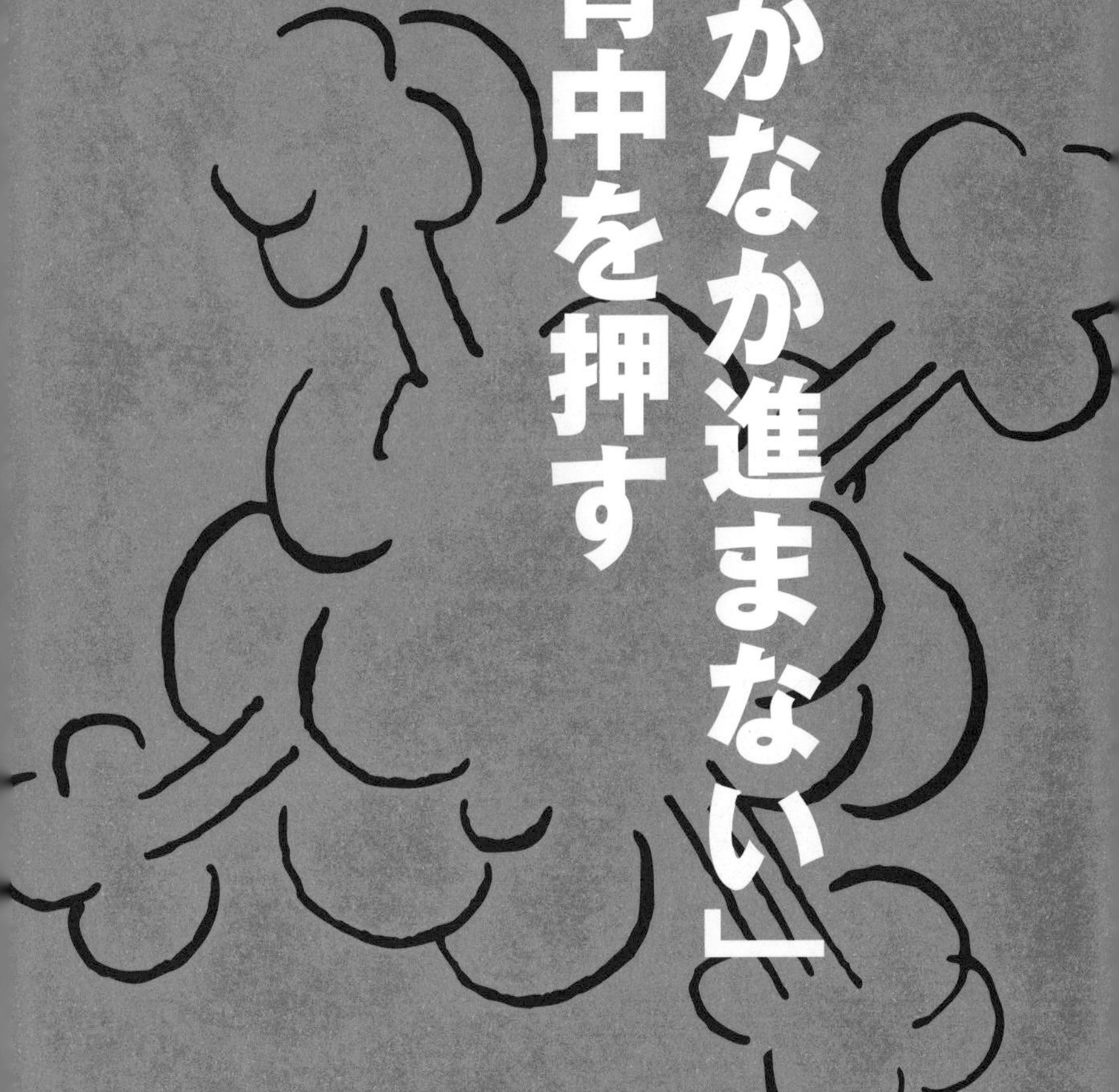

15

がんばりすぎる人へ

うんうん考えるのは時間のムダ 過去問は解いてはいけない！

試験勉強において、過去問の重要性は常識になっているといっていいでしょう。

しかし、試験勉強を始めてすぐに過去問に取り組む人は、どれぐらいいるでしょう？　ほとんどいないのではないでしょうか？

「試験勉強を始めたばかりで過去問も解けないし、当然でしょう」

そんなふうに思われるのかもしれません。

はい。もちろん、ほとんど解けないでしょう。解ければ、試験勉強自体が要りませんから。そして、解く必要はありません。

読めばいいのです。

過去問の問題、そして解答解説をまるでテキストのように読んでいくのです。

読むのであれば、わからないところがあるにしても少しは読めるでしょう。

多くの人が過去問や問題集というと、すぐに「解く」もの、そして「アウトプット」と思い込んでいます。そんな思い込みはやめましょう。

問題集、とりわけ過去問は「読む」ものであり、「インプット」するものなのです。

過去問は本番の試験にもっとも近い情報です。「事件は現場で起きている」なんていう映画のセリフがありましたが、過去問は「現場」そのものです。「試験は過去問で起きている」といってもいいのです。

テキストや過去問以外の問題集に取り組む前に、まずは、現場である過去問に目を通しておくことが必要不可欠です。

それによって、**めざす試験でどんなレベルの知識が問われているのか？　どういう問われ方をするのか？など試験について、肌で感じることができます。**

これをあらかじめやっておくことで、テキストやほかの問題集に取り組む際にも、試験に必要な勉強が何かを自覚しながら進めることができるのです。

そのために、まずは過去問を「解く」のではなく、「読む」ことなのです。

「すぐに解答解説を見ていたら、考える力がつかない」と、よくいわれます。

しかし、その「考える力」とは何でしょう？

たとえば、択一式試験で、過去問を「解こう」として、すぐに答えがわからず、うんうん「考えている」とき何が起こっているかというと、

「なんだかこの選択肢、怪しいな」

過去問のベストな形はこれ！

ほとんどの過去問題集は「解く」ことを前提としているためか、問題が書かれたページの裏ページに解答解説が書かれています。これで過去問を「読む」ためには、いちいちページをめくって問題と解答解説を行ったり来たりするため、非常に効率が悪いのです。「読む」ためには、問題と解答解説が見開きの形になっている過去問題集がベストです。

「この言い回しはちょっと変だなあ」

なんていう推測がほとんどです。

はっきりいって、「当てもの」をやっているようなものです。そして、そうやって出した答えが正解であれば、「やった！」と喜び、不正解であれば、「間違った……」と落ち込むのです。これでは、単なる時間のムダです。試験本番では、こういった推測も使っていく必要はありますが、試験勉強では、これ以前にやることがあります。

それよりも、**わからないところはさっさと解答解説を読みましょう。**

「そんなことをしたら問題集にならない」と思われるかもしれませんが、心配しないでください。そうやって解答解説を見ても、すぐに忘れたり、あいまいな記憶になって、次に読むときに確実に覚えていることはありません。解答解説も含めてくり返し読み、思い出すことで、だんだんとすぐに答えられるようになるのです。

過去問は解かずに、わからなければすぐに解答解説を読む

16

テキストに
圧倒されている人へ

テキスト攻略は目次がカギ
本文よりも目次を読め！

過去問は、まず「解く」のではなく「読む」。びっくりした人もいるでしょう。

さらに、あなたをびっくりさせるかもしれませんが……。

テキストは、まず「読む」のではなく「覚える」。

「え？　いきなり覚えるんですか？」

と、びっくりされた方がいるでしょう。そうです、覚えるんです。テキストを買ったり、手に入れたら、まずやることは目次を覚えることです。

「目次なんて知らない言葉ばかりで、意味もわからないですよ」

そんな反応が返ってくるでしょう。そうです。**意味がわからないからこそ、覚えてしまうのです。**目次に出てくるのは、その科目のキーワードというものが多いでしょう。それを覚えてなじむことは、その科目への距離を一気に縮めることにつながります。そして何よりも目次を覚えることで、テキストの全体像がはっきりとつかめるのです。

あなたは旅で新しい街を訪ねたときに、まず何をしますか？

おそらく観光マップなどの地図を手に入れる人が多いでしょう。もしその地図が頭に入ったら、その街を散歩することはとても楽になりますよね。テキストでいうと、その地図に当たるものが目次になります。そして、目次＝地図を頭に入れれば、自由自在にテキストを歩きまわることができるようになるのです。

でも、意味もわからないものをどうやって覚えるのか？

まず簡単にできることは、目次を縮小コピーして表紙に貼ること。こうすれば、目にする回数が一気に増えて、早く覚えられます。

また、部タイトルや章タイトルなど大きなくくりから覚えていくと楽に覚えられます（さらに目次をあっという間に記憶してしまうのが、記憶法を使った「目次イメージ記憶法」です➡174ページ）。

「覚えても意味を理解しないと」と、思われるかもしれません。

確かに理解することは大事です。理解することで、記憶しやすくなるのも事実です。しかし、理解するためには、記憶が大きな助けになるのです。

目次を覚えてしまうと、何が起きるでしょう。

覚えているとすぐに思い出し、くり返すことができます。どんどんと目次や

「階層化」を使えば楽に覚えられる

イメージ記憶が苦手な人でも簡単に覚えられるのが「階層化」。たとえば、ヨーロッパの国名をいきなりひとつひとつを覚えるのではなく、大枠から「階層化」して覚えていくのです。北欧・中欧・南欧・東欧・西欧の５つは覚えられますよね。そして、それぞれの大枠ごとに国名をぶら下げるのです。このように二階層にするだけでも覚えやすくなります。

そこで使われている言葉がなじみになり、身近になってきます。

新しい用語、とりわけ専門用語は読むことに最初は抵抗を感じるものですが、それがすぐになくなり、テキストを読んでいくのも楽になってくるのです。

そして、結果的に理解が速くなるのです。

また、覚えた目次はしっかりした柱となって、テキストを読み進めていくなかでも、そのなかで溺れない、混乱しない大きな支えになってくれます。

人はついつい細かいところにはまり込んでしまう傾向がありますが、目次という地図を手に入れることで、大きな視点に立ち戻る、全体を俯瞰することが簡単にできるようになります。

新しいテキストはすぐに中身を読みたい！と思うかもしれませんが、まずは目次を読み、覚えてしまいましょう。

本書には、巻頭に目標を書くシートも兼ねた目次が付いています。目に触れやすいところに貼り出してご活用ください。

目次をコピーして表紙に貼り、常に眺めて思い出す

17

まじめな人へ

前からやらなくてもいい得意だ・興味があるところから始めろ！

あなたは問題集やテキストを読み始めるとき、どこから読み始めますか？

「もちろん最初からですよ」

そう答えるかもしれません。もし、あなたが最初から楽に読み始められるのであれば問題ありませんし、そのまま読み続けられるのであればいいでしょう。

しかし、もし最初から読もうとして、なかなか読む気にならないのに、最初から順番に読もうとがんばっているのであれば、それは余計なこだわりなので、さっさと捨ててしまいましょう。

「最初から順番に」にこだわるよりも、大事なことは読んで勉強することです。

そのためには、あなたが読みたいと思う、読めそうなところからやっていけばいいのです。

「自分を甘やかしては……」なんて思うストイックな人がいるかもしれませんが、そんなストイックさは勉強には不要です。

それは単なる自己満足であり、試験勉強で問われているのはとにかく勉強することです。

勉強を続けるために、あなたが無意識に持っている思い込みやとらわれはどんどん外していきましょう。

もちろん、テキストなど最初から順番に読むことでわかるように書かれているものもあるでしょう。わかりやすい例でいえば、1桁の足し算があって、2桁の足し算の話が出てくるようなものです。

ただし、すべてのテキストがそういう構成になっているわけでもありません。また、先の応用的なところを読むことで、その土台となっているところの意味づけがわかり、興味が出て読む気が増すこともあります。

目次などで本の構成を常に確認して頭に入れておきつつ、あなたが興味の持てそうな、読みたい、読めそうなところからとりあえず読んでいけばいいのです。

そうやって、**とにかく最初からでなくても、読み始めることで、その問題集やテキストとあなたの距離は、だんだんと近づいていきます。**勉強する習慣もついていきます。そうやって、楽なところで勢いをつけたうえで、だんだんと苦手なところや、読みたくないところに入っていけばいいのです。

それでも、最初から順番に読んでいかないと気持ちが悪い人もいるでしょう。

読書に関する暗黙のルールを明らかにせよ

「最初から読み始める」「わからないところは飛ばさない」など、あなたが知らず知らずに従っている読書のルールはありませんか？　その多くは小学校以来の学校教育で植えつけられたものです。もちろん今も役立つものはいいですが、なかには役立たないものもあります。試験勉強にもっとも効果的なように、あなたのルールを明らかにし、作り直しましょう。

そんな人は、そもそも今勉強している目的を思い返してみてください。

試験勉強であれば、試験に合格することですよね。

あなたが持っているこだわり、習慣となっている行動が、その試験合格に向けて役立っているのであれば、持ち続けていいですが、もし障害になっているのであれば、さっさと手放してしまいましょう。

常に、そもそもの目的に立ち返る。そこから判断してください。

自分を甘やかして試験勉強をしないのは困りますが、試験勉強をするために自分を甘やかすのは大歓迎です。

すべては試験合格のために。試験勉強をすることに焦点を当てて、どんどんこれまでやらなかったことをしてみましょう。

得意な科目、読みたい項目から読み始める

18

まじめな人へ

人はついつい細かいところにはまるもの 常に全体を意識しろ！

試験勉強をしているうちに、どんどん面白くなって、細かいことを調べたくなった経験はありませんか？

人はついつい細かいところに入り込みがちですが、脳が記憶・理解するためには、細かいところに入り込むのはよくありません。

なぜなら、池谷裕二　東大大学院准教授曰く、「脳はいい加減なヤツ」で、大雑把に記憶・理解するという性質を持っているからです。

たとえば、クルマに詳しくない人が、いきなりクルマの名前を覚えよう、わかろうとしても難しいですよね。

まずはいきなり名前に入るのではなく、クルマの種類、たとえば、セダンやハッチバック、ワンボックスカーなどから入るのが楽でしょう。

そしてそれがはっきりしたうえで、それぞれの種類ごとにどんなクルマがあるのか、その違いに着目しながら名前を覚えていくのが楽でしょう。

このように、**脳にとっては、大きなくくりからだんだんと細かいところに入って理解・記憶するのがやりやすいのです。**

しかし、テキストは必ずしもこのようになっているとは限りません。

もちろん、最初に全体像を示した章がある場合もありますが、基本的には個々の内容を論理的な道筋に沿って理解しようというように構成されています。

その際、その論理的な道筋を楽に追いかけて理解していければ何の問題もありませんが、そうはなかなかいきません。そして、その細かいところをなんとかがんばって理解しようということになるのです。

しかし、これは脳にとってやさしいやり方ではありません。

まずはざっくりと大枠をとらえて、だんだんと細かいところへの理解に入るほうがいいのです。

とはいえ、人はついつい目の前のことにとらわれて、細かいところにはまりがちになります。しかも悪いことに、そのほうが「勉強している！」という実感が得られやすいので、ますますはまりがちになります。

なので、「大枠からとらえる」ということを常に意識して思い出していかないといけないのです。

この「大枠からとらえる」ということが身につき、習慣づいてしまえば、脳にやさしいわけですから、とても楽に理解や記憶ができるようになります。

上空1万メートルから眺めてみたら？

試験勉強や読書に限らず、人はついつい目の前のものにとらわれ、全体が見えなくなりがちです。毎日の生活でも日々の仕事・雑事に追われ、大きな人生の流れを見失うことがあります。そんなときは、「上空1万メートルから眺めてみたら？」と自分自身に質問してみましょう。見失っていたものが見えたり、呼吸が楽になったりしますよ。

大枠からとらえる際にガイドとなってくれるのが、目次であり、見出しであり、あなたがすでにわかっているところです。

細かいところにはまっているなぁと思ったら、目次をざっと眺めてみる。

そこまで読んだところをざっと再読してみる。

これからのところを見出しやわかるところだけでもいいので目を通してみる。

これらによって、大枠から見ることが可能になってきます。少なくとも、勉強の最初と最後には、必ず目次を読むようにしましょう。

そして細かいところに入っているサインともいえるのが、何か力が入って「がんばっている」状態です。さらにいうと、「わかろうとしている」状態です。

これについてはあとで詳しく説明しますが、「わかろうとする」のは自然に起こることですが、この働きのせいで細かいところにはまってしまうのです。

大枠からとらえることは、意識しすぎても意識しすぎるということはありません。自分の癖になるまで意識してみましょう。

勉強の最初と最後に必ず目次を読む

19

がんばりすぎる人へ

今すぐわからなくても止まらない飛ばして進め！

あなたは問題集やテキストを読んでいて、わからない言葉や文章があったとき、どうしますか？

「それはもちろん、理解しようと何度も読み返したり、必要であれば調べたりして、わかろうとしますよ」

ほとんどの人が、そういう答えでしょう。

しかし、実はその考えが試験勉強を非効率なものにしています。

試験勉強といいますか、**勉強では当たり前のことである「わかろうとする」ことが、時間とエネルギーの浪費につながっているのです。**

それよりも、「わかろうとしない」こと。正確に言えば、「今すぐ」わかろうとしないことによって、あなたの試験勉強の効率は一気に上がります。

さらに具体的にいえば、あなたが「わからないなぁ」と思ったところでは止まらないで、そのまま先に進んでいくのです。わかるところを読み、わからないところは「ここはわからないなぁ」と確認するだけにとどめるのです。

もちろん、そのままでは「わからないところ」はわからないままです。

そこで大事なのが、「くり返し」です。

「わからないことを気にしない」のではありません

「わかろうとしない」、「わからないところがあっても先に進む」とは、「わからないことを気にしない」のではありません。わからないことが気になるけれども、あえて先に進むということです。ここはとても大きな違いなので気をつけてください。学ぶことについても数多くの著作がある内田樹さんは『下流志向』（講談社）で次のように述べています。

次頁へ続く

「わからないところ」で止まらないので、くり返す余裕が生まれます。その余裕を生かして、一回読むのではなく、何回、何十回とくり返して読むのです。

「わかるところ」は何度も読みますから、どんどん当たり前のようになってきて、さらにそこは読むのが速くなってきます。また、最初はわからなかったところも、だんだんとなじんできて、そのなかでも「わかるところ」が出てきて読めるようになってきます。

こうして、がんばって「今すぐわかろう」としなくても、楽にくり返すなかで、だんだんとわかるようになってくるのです。

「わかろう」と止まって、考え始めている自分に気づいたら、あえて先に進みましょう。

「何回、何十回もくり返して読むほうが、もっと非効率でしょう？」

そんな疑問を持たれるかもしれません。

しかし、「わからないところ」で止まって、がんばって理解しようとしたり、わからないところを調べて、そのとき「わかった」と思えば十分でしょうか？

そこは、一回だけでしっかりと理解できているでしょうか？

「わからない情報を「わからない情報」として維持し、それを時間をかけて噛み砕くという、「先送り」の能力が人間知性の際立った特徴なわけです」。そして「わからないことがあっても気にならない」若い人が増えていることに、内田さんは危機感を覚えていると言います。「わからない」ことに鈍感になるのではなく、さらに敏感になってください。

試しに、「わかった」と思ったところを説明してみてください。

すると、そのときは「わかった」と思っていたのに、実は「わかったつもり」だったり、あっという間に忘れてしまっていることに気づくでしょう。

あなたががんばって理解するために使った時間やエネルギー、あれこれ調べるために使った時間やエネルギーのかなりの部分はムダになっているのです。

なぜ、「わかろう」とせず、ざっくり「わかるところ」だけでも読みながら、くり返すなかでだんだんとわかるほうが効率的なのでしょう?

それは、**このやり方が脳の性質に合っているからです。**

91ページにも書いたように脳の研究者である東京大学・大学院の池谷裕二准教授は、「脳はいい加減なヤツ」と表現し、物事を大雑把にしか理解・記憶できないと言っています。そして、失敗をくり返しながら、だんだんと細かいところも理解・記憶するのがわれわれの脳なのです。

「わかろう」としていると気づいたら、そこで止まらず、先を読む

20

日々の進歩が
感じられない人へ

焦るな！
最初は範囲を絞っていい
それからだんだん
広げろ！

「わからないところで止まらずに、くり返していますが、わかるようになりません……」

あなたがもしこんな悩みを持っていたら、**これまでよりも範囲を半分に絞ってくり返してください。**

つまり、これまでくり返していた範囲が50ページであれば25ページに、20ページであれば10ページに、10ページであれば5ページにしてみるのです。

こうすれば、ほとんどの人が、ざっくりざっくりくり返すなかで、だんだんとわかるところが増えていき、読むのが速くなり、理解・記憶が深まっていくことを実感します。

人は「今すぐわかりたい」という思いから止まる力が働くとともに、「早く全範囲をカバーしたい」という思いから先に進もうとする力も働きます。

わからないところで止まらず先に進むことはもちろん大事なのですが、その一方でどんどん先に進んで範囲を広げすぎると、今度はくり返そうとしても、最初に読んだ部分はすっかり忘れてしまっていて、くり返すなかでだんだんとわかるところが増えていくという流れになっていきません。

止まらないことと、先に進みすぎないことのバランスが重要です。

そして、そのバランスを取る際に意識してもらいたいのが、次のような感覚があるかどうかです。

くり返すなかでだんだんとわかるところ・覚えたところが増えていっている、その部分の記憶・理解がだんだん深まっているという感覚があるかどうかです。

それは、次の相乗効果のサイクルが働いているかどうかになります。

「速く読むから、たくさんくり返せる」↓「たくさんくり返すから、速く読める」↓「さらに速く読めるから、さらにたくさんくり返せる」↓「さらにたくさんくり返せるから、さらに速く読める」↓……

もしこの感覚がなければ、「範囲を狭める」サインです。

そして、範囲を狭めて相乗効果のサイクルが働き始めれば、範囲を広げる余裕が出てくるので、そのときにだんだんと範囲を広げていけばいいのです。

範囲を広げようとする意識は必要です。そうしないと、狭い範囲を完璧に仕上げようとして、従来の「わかろう」とする勉強に戻ってしまいます。

しかし、範囲を広げることは現在の範囲をくり返すなかで余裕が生まれるこ

天国と地獄を分ける相乗効果

「速く読む」と「たくさんくり返す」の相乗効果は奇跡をもたらします。しかし、真逆の効果が働くと悲惨です。「遅く読むから、くり返せない」→「くり返せないから、遅くしか読めない」→「遅くしか読めないから、くり返せない」という魔の相乗効果です。この先に待つのは「勉強を投げ出す」という結末。天国と地獄を分ける最初の差はほんの少しです。

とで可能になるので、まずはくり返すこと、回転することに注力することです。

「急がば回れ」ならぬ、「急がば回せ」です。

そして、範囲を広げるときも、いきなり細かいところに入るのではなく、とりあえず見出しだけや、わかるところだけという形でざっくり読む意識で広げていきます。

また、ここで意識してもらった、とりあえず見出しだけやわかるところだけを読むといった、読む際の「ざっくり度合い」もくり返す効果が感じられないときに調整できる変数のひとつです。

つまり、「範囲を狭める」と同じように、「ざっくり度合いを上げる」ことで、くり返す頻度を上げて、「速く読むから、たくさんくり返せる」→「たくさんくり返すから、速く読める」の相乗効果のサイクルを働かせるのです。相乗効果のサイクルが働き始めれば、「ざっくり度合いを上げる」、つまり、細かい部分に入る余裕が出るので、そのときに細かいところに入ればいいのです。

だんだんわかる実感がないなら、とりあえず範囲を半分に減らす

21

がんばりすぎる人へ

試験は記憶のゲーム 考えるのは時間のムダ！

「わからないところ」で止まるな、というと、

「考えることは大事なのでは？」

そんな質問も寄せられます。うんうん唸って考えて、理解することが思考力を鍛え、本当の理解を生むのではないかという意見です。

確かに、「これはどういうことだろう？」と悩み、考えることは大事な気もしますね。

ノーベル賞を取るような発見、発明をした人は、ああでもない・こうでもないとたくさん考え、数多くの失敗を重ねながら、ひとつのことを突き詰めていった人がほとんどでしょう。

このため、「勉強」＝「考える」

そんなイメージを持っている人も多いのでしょう。

確かに、「勉強」というか「研究」においては、「考える」ことはとても大事です。しかし、「試験勉強」においては、（残念ながら）「考える」ことは重要ではありません。

なぜなら、**ほとんどの試験は、「記憶のゲーム」だからです。**

もし、あなたの試験でテキストでも参考書でもなんでも持ち込み可能で、時間もたっぷりあるとしたらどうでしょう？

一気に試験勉強が楽になると思いませんか？

しかし、ほとんどの試験はテキストなどは持ち込み不可であり、試験時間も制限され、たっぷり時間がある試験なんていうのはありません。短い時間のなかで素早く確実に知識を出すことが求められているのです。

ただ、「記憶のゲーム」といっても、機械的な丸暗記でなんとかなるような試験はほとんどありませんから、「理解」を使わないと太刀打ちできません。

実際、試験の内容は無意味な情報ではなく、「有意味」、つまり意味があって理解できるものですから、「理解」を使わない手はありません。

とはいえ、**「考える」ことは必ずしも必要ないのです。**

といいますか、そこに時間をかけると、理解や記憶にかける時間が少なくなって、試験勉強としては圧倒的に不利になるのです。

「でも、考えるからこそ、理解や記憶も深まるのでは？」という人もいるかもしれません。

「頭の外」で考えよう

あなたは考えるとき、「頭のなか」で行っていませんか？　もしそうなら、それが非効率の元です。どうしても考えたいときは、「頭の外」で行いましょう。つまり、あなたが「頭のなか」で行っていることを、紙に書き出すのです。書き出してみると、思ったほど大したことを考えていなかったことに気づくでしょう。書き出して、止まらず先に進んでいきましょう。

そんな人にはちょっと厳しいことを言いますが、**試験勉強で「考えている」というのは、ほとんどの場合「考えている」フリにすぎないのです。**

もっといえば、ただ「休んでいる」のです。

実際、「考える」ことをやめ、「わかろうとしない」で、ざっくりざっくりくり返す勉強をしてみてください。

一見、楽に見えるこの勉強が、実は常に頭を回転させている、かなり負荷の高い勉強であることを実感するでしょう。そして、これまでの「考える」勉強が、いかに中身の薄いものだったかに愕然とすると思います。

ある意味、がんばって「考えない」でざっくり回転させる勉強のほうが、頭は使っている、つまり、「考えている」ともいえるのです。

「考える」ことはやめよう。

「考えている」と気づいたら「進む」か「休め」

column3

教育心理学から高速大量回転法を解説する

私の勉強法である高速大量回転法は、これまでの勉強法とかなり違っています。真逆とも言える部分もあります。

たとえば、「わかろう」としないで読む。

これなどは、「え？　それはないでしょう」と思う人も多いと思います。

しかし、認知科学や教育心理学などの理論から考えても、至極真っ当な方法であることがわかります。

なぜ「わかろう」としないで読むのが効果的か？

たとえば、教育心理学者・西林克彦氏の本に次のような一節があります。

「学習内容が、その人の認知構造に合致する時、人は学習しやすい」（『間違いだらけの学習論』新曜社）

「認知構造」というのは「それまでに、その人が持っている知識の総体」のことです。

そして、この「認知構造」という言葉を使うと、わかるところ・わからないところは次のように言い換えることができるでしょう。

「わかるところ」＝勉強する人の認知構造に合致するところ

「わからないところ」＝勉強する人の認知構造に合致しないところ

そして、「わかろう」としないで読むことは、勉強する人の認知構造に合致する、つまり学習しやすい、わかりやすいところに集中して時間を使うことを可能にします。

高速大量回転は認知構造を最大限活用する勉強法

こうやって学習しやすい「わかるところ」を読むことで、それが学習され、読み手の新たな認知構造となります。

さらに、この新たな認知構造により、最初の読み手の認知構造には「合致しないところ」だった「わからないところ」も、一部は合致するところが出てきます。

そして、最初は「わからないところ」だったのが、くり返すなかで、読み手の認知構造と合致するところが出てきて、「わかるところ」になってくるわけです。

「わかろう」としないで読むことで、素早く読み、それによって大量のくり返しを行う高速大量回転法は、「認知構造に合致しやすいところは学習しやすい」という性質を最大限活用する方法なのです。

「わかろう」とはしないで、「分け」ながら読む

なお「わかろう」としないといっても、ボーッと読むわけではありません。

認知構造を活用し、それに合致する「わかるところ」はちゃんと読み、そして合致しない「わからないところ」はどこかを把握することが大事です。

「わかるところ」と「わからないところ」を分けながら読むのです。

こうするなかで、「わかるところ」はよりわかるようになり、速く読めるようになります。「わからないところ」も、何がわからないかがはっきりしてきます。

最初は「わからないところ」だったものが、そのなかでも「わかるところ」と「わからないところ」に分けられるようになってきます。

このくり返しのなかで、どんどん読むのが速くなり、そして「わからないところ」がわかるようになっていくのです。

第4章

「わからない」でも諦めない

22

前のめりになる人へ

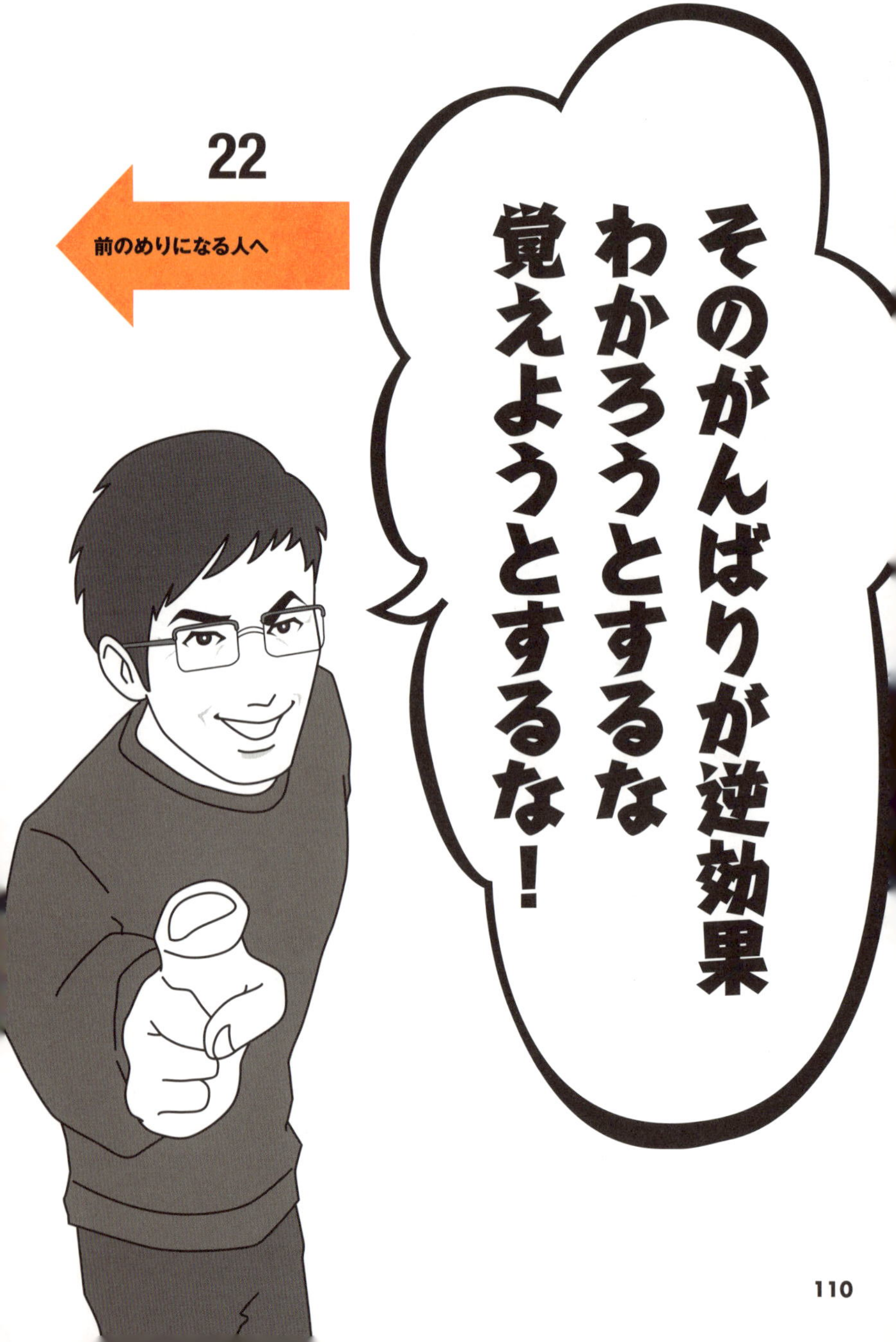
そのがんばりが逆効果
わかろうとするな
覚えようとするな！

わからないところを「わかろう」として止まってはいけないことは、すでにお伝えしました。

これは止まることによる時間のロスや、それによってくり返しが少なくなることが大きな理由ですが、もうひとつ理由があります。それは、「わかろう」とすると力が入り、視野が狭くなって、わかるものもわからなくなってしまうからです。

スポーツでも何でもそうですが、リラックスした状態で臨むことが、自分自身の力を発揮するために重要です。もちろん、ただボーッとした状態ではダメですが、あまり肩に力が入らないほうがいいのです。

外国の格言に、**「スープを味わいたければ、スープに首を突っ込むな」**というものがあります。ついつい人は目の前のことにはまりがちになるのですが、そこを抑えて、少し引くぐらいでちょうどいい距離感になるのです。

そしてその具体的な状態が、**「わかるところ」と「わからないところ」を分ける、という状態**です。

「わかろう」としたり、「わからない」と落ち込んだり、また、ただボーッと眺めているのでもなく、「ここはわかるな」「ここはわからない」というように、少し引いている状態です。

そしてこれは「覚える」こと、記憶についても同じです。

人は「わかろう」とするだけでなく、忘れずに「覚えよう」としてがんばることもよくやりがちです。しかし、これも視野を狭くして、力が入り、結果的になかなか覚えられない結果につながります。

覚えるために必要なのはくり返しです。**逆説なようですが、覚えるためには忘れることが必要不可欠です。**

人間の記憶は、いきなり鮮明にクッキリと記憶に残ることはほとんどありません。よっぽど強烈な感情を伴うような経験は別ですが、くり返すなかでだんだんと記憶に残っていくのです。

そして、一回覚えたと思ってもう一度見て「あ、忘れた！」というのも、実は大事な記憶のプロセスであり、確実に記憶は進んでいます。

まったく覚えていなければ、「忘れた！」ということすら思い出せません。大事なことは、「覚える」「忘れる」ことをくり返すことです。

身体を動かせば意識が動く

身体の姿勢や動きは意識に大きな影響を与えます。意識を動かそうと思ったら、身体に働きかけるのがわかりやすくとても効果的です。深呼吸したり、立って伸びをしたり、肩を回すことで、緊張して固まっていた意識に変化が生じ楽になります。勉強しているとついつい前のめりになり、視野が狭くなりがちなので、姿勢を自覚的に動かしていきましょう。

そのためにも、がんばって覚えようとしないで、「ぼやっ」とでもいいので、少し覚えることをくり返したほうが効果的なのです。

「わかろう」「覚えよう」としなくても、わかるところ・わからないところを分ける、覚えているところ・覚えていないところを分ける、この意識を保っていれば、だんだんと、わかるところ・覚えているところは増えていきます。

そして、**こうやってわかるところ・覚えているところが増えていく過程は、自然な流れとなり、結果的に体系的な理解をしていることになります。**

無理に「わかろう」「覚えよう」としても、個々の知識をバラバラに詰め込むことになり、結局は理解にしても、記憶にしても定着しません。

それよりも、一見、いい加減に見える「わかろうとしない」「覚えようとしない」態度が、効率的・効果的に理解や記憶を進めることにつながるのです。

そして、ムダながんばりは不要ですから、気楽にほんのちょっとしたスキマ時間でも勉強できますし、疲れることなく続けることができます。

「わかろう」「覚えよう」としていたら首を上げる

23

がんばりすぎる人へ

慣れが理解を助ける「わかる」の前にまず「なじむ」！

これまでにも「わかろうとしない」ことの大事さをさんざん強調していますが、「わかろうとする」読み方から脱却できない人もいるかもしれません。

そんな人のために、ひとつたとえ話をしましょう。

今読んでいる、テキストや問題集を人だと考えてみるのです。

たとえば、あなたがどこかの会社に就職・転職して、新しい職場に通い始めたとしましょう。あなたは、出勤初日からその職場全員のことを「わかろうとする」でしょうか？

なかには、話しかけやすそうな人がいて、少し話をするかもしれませんが、全員とがんばって話そうとしたり、ましてや、プライベートな話を突っ込んで聞こうとはしないでしょう。

問題集やテキストを読むときも、それと同じです。

いきなり、初めて会うような言葉や言い回しの文章とじっくり向き合うことをしなくてもいいですし、実際、そこには無理があるのです。まずは、話しかけやすい人や、ちょっとでもなじみのある人に話しかけるように、テキストや問題集の見慣れたところ、読みやすいところから読んでいけばいいのです。

そして、新しい職場のなかには、なんとなく自分が苦手とするタイプの人や、見るからに気難しそうな人もいるでしょう。

その人たちにいきなり親しげに話しかけても、逆に煙たがられるかもしれません。でも、最低限、朝のあいさつや、ちょっとした声かけをしないと疎遠なままです。そして、そういった日々のあいさつや声かけをするなかでだんだんと親しくなり、何かのきっかけでランチに一緒に行ったり、何かの会議で横に座って言葉を交わしたりというなかで、「実はいい人だったんだ」とか「意外と気が合う」というように、なったりするのです。

ここで大事なポイントは、最初からがんばって話しかけようとしないと同時に、ほんのひと言でもあいさつしたりということを欠かさないことです。そこから、だんだんと慣れていって関係ができていくのです。

もうお気づきだと思いますが、問題集やテキストでも同じです。

難しい言葉や文章と出会って、いきなり「わかろう」とがんばっても、言葉や言い回し自体に慣れていないのですから、なかなかすぐにわかるようにはなりません。逆に、がんばりすぎると、「ああ、わからない」と見るのも嫌にな

勉強はテキスト・問題集とのコミュニケーション

あなたはテキストや問題集を勉強するとき、その内容を自分の脳に「ダウンロード」するイメージで行っていませんか？　しかし、勉強や読書は、本から脳へ一方通行で情報を「ダウンロード」することではありません。勉強するあなたと本との間で双方向にやりとりしながらだんだんと進んでいく「コミュニケーション」なのです。

ったりして、逆効果になります。

それよりも、最低限のあいさつを交わすかのように眺めて、「ここはわからないなぁ」「ここは見たことのない言葉だなぁ」と、まずは慣れていくことです。

そうやって何回も何十回もくり返して、その言葉や文章と出会うなかで、だんだんと親しみが出て、あなたがわかっているところとの関連性が見えてきたり、難しいと思っていたなかの一部がわかってきたりします。

いかがでしょう?

これは実際に体験してもらうのが一番です。**まずは、「わかろうとしない」で楽に読みながら、そして何回、何十回とくり返すなかで、最初はわからなかったところが、どんなふうに変化するかを観察してみてください。**

ぜひその変化を感じながら、楽に楽しくわからないところと付き合って、だんだんと距離を縮めていけばいいのです。

テキストや問題集は「人」 毎日のあいさつから始めよう

24

日々の進歩が感じられない人へ

少しでもいい まずは「わかる」ところに 目を向けろ！

「くり返し読んでいるんですが、全然わかりません」

こんなふうに言われることがあります。もしかして、あなたも、問題集やテキストを読んでいて、「うわぁ、全然わからない」なんて言っているかもしれません。

そんな場合、私は次のような質問をします。

「本当に全然わからないのでしょうか？　ほんの少しでもわかるところはありませんか？」

そうすると、「ほんの少しですが……」と言いながら、少しはわかっていることに気づかれて、おそるおそるそれを口にします。

そうなんです。ほんの少しかもしれませんが、わかっているところがあるんです。しかし、言葉としては「全然わかりません」。**せっかくわかったところがあるのに、それを「わからないこと」にしてしまっている**のです。

これは、よく起こります。「全然できませんでした」「まったくわかりませんでした」「まったく時間がありませんでした」などなど。

これは「一般化」と呼ばれる言葉の使い方で、ある経験をあたかもそれがすべてであるかのように「一般化」して言葉にすることです。

こうしたほうが情報量が減って、簡単で楽なので、ついつい「一般化」してしまうのです。

しかし、これによってせっかくの「わかるところ」も失ってしまうのです。

こうならないように大事なのが、**常に具体的に考えること、「わかるところ」と「わからないところ」を分けながら読むことです。**

「ここはわかるなぁ」「ここはわからないなぁ」と分ける意識で読んでいくと、「わかろう」として首を突っ込むこともなく、楽に読み進めることができます。

そして、これによって、「わかるところ」を何回もくり返すことができるようになり、「わかるところ」がどんどん定着化していきます。

そうすると、その周辺に意識を向ける余裕も出始め、さらにわかる言葉や文章もだんだんと増えてくるのです。

すでに解説したように、人は「わからないところ」に意識が向いて、「わかろう」としてがんばりがちです。そこを「わかるところ」に焦点を当てるようにするのです。


「100 回くり返しましたが、全然わかりません」

上にも書いたように、「全然」わからないことはありえません。「ほんの少し」はわかったことがあるはずです。そして、それを 100 回重ねていけば、わかるようになったことはかなりの量にのぼります。ゼロ金利であればいくら預けてもまったく殖えませんが、ほんの少しでも金利があれば、それが積み重なると利が利を呼んで大きく殖えていくのです。

もちろん、「わからないところ」も無視するのではなく、「ここがわからない」としっかりと自覚しておくことは必要です。しかし、わかるところに焦点を当てていけば、楽に読むことができてくり返しもスムーズになり、さらにわかるところがよくわかって余裕が出てきます。そして、「わからないところ」のなかにある「わかるところ」もだんだんと浮かび上がってくるのです。

もし、「ああ、全然わからない」という状態になったら、「ほんの少しでもわかるところはなんだろう?」と自分自身へ質問をしてみましょう。

また、そんな言葉遣いをしている人がいたら、この質問を相手に投げかけてみましょう。

「わかるところ」と「わからないところ」を分けつつ、わかるところに焦点を当てていくと、楽に読み進めることができるようになります。

そして、そのことが結果的に「わからないところ」もくり返すことになり、わからないところもだんだんとわかるようになっていくのです。

「ほんの少しでもわかるところは?」と自分自身に質問する

25

まじめな人へ

「分ける」から「わかる」分けることに専念しろ！

速く読み、たくさんくり返すためには、「わかろうとしない」という意識が必要です。そうしないと、わからないところで止まったり、ついつい読むスピードが遅くなってしまいます。

これに対して、「わかろうとしないで、どうやってわかるようになるんですか？」とよく聞かれます。

確かに、ただボーッと眺めていても、わかるようになるわけではありません。

そして、**「わかろうとしない」、でもボーッと眺めているだけでもない読み方が、「わかるところ」と「わからないところ」を分ける読み方です。**

「あ、ここはわかるなぁ」「ここはわからないなぁ」というように、分けていくのです。

なお、「分ける」といっても、「ここはわかるところだろうか、わからないところだろうか」と考えながら「分ける」わけではありません。それはもう「わかろうとする」状態にはまっていますから。

そうではなくて、読みながら、瞬間瞬間で分けていくのです。

簡単に言えば、読む気がするところだけ読み、読む気がしないところは読まないのです。

わかるところは読む気がしますし、わからないところは「うわ、難しい言葉ばっかり」というような気持ちになります。それでいいんです。

そして、「わからない……」と落ち込んだりするのではなく、「ここはわからないところだ」と、ただ受け止めるのです。そして、これも「わかる」ための大事なプロセスです。**「わからないところ」がどこかもわからない状態から、「わからないところ」がどこかがわかっている状態へと一歩進んでいるのです。**

このステップを自覚せずにいきなり「わかろう」とするから、混乱してかえって時間がかかるのです。

アインシュタインは、答えを探すよりも適切な質問を探すことに時間を使うことの重要性を言っています。

「わからないところ」がどこかもはっきりしないのに、「わかろう」とするのは、この答えを探そうとして質問を探していないことになるのです。

こうやって「わかるところ」「わからないところ」を分けつつつくり返していくと、二つのことが起きてきます。


「思考力」？「応用力」？

「思考力を鍛えろ！」「応用力を養え！」なんて言われたことがありませんか？　この思考力、応用力って何でしょう？　はっきりしませんよね。「私は思考力がない……応用力に欠けている……」なんて思い始めると、迷宮に入り、勉強が止まります。自分の「○○力」を気にするより、本に意識を向けてまずは単純に「分ける」ことから始めてみましょう。

ひとつは、「わかるところ」がよりわかるようになること。そして、「わからないところ」に意識を向ける余裕が出てくることです。

もうひとつは、「わからないところ」が何かがよくわかってくることです。

先ほどのアインシュタインの話でいえば、適切な質問が固まってくるのです。「わからない」と思っていたなかにも「わかるところ」があることも見えてきて、さらに「わからないところ」が何かが炙《あぶ》りだされてくるのです。

こうしていくうちに、だんだんと「わかるところ」が増えて、結果的に「わかる」ようになるのです。

自分が「わかろう」としていると気づいたら、少し、顔を上げてみてください。そして、身体を少し起こしてください。

わかろうとしているとき、体も意識も前のめりな状態で、視野が狭くなっています。顔を上げてちょっと問題集やテキストと距離を置いて、「わかる」のではなく「分ける」ことに専念していきましょう。

読む気がするところだけとりあえず読んでいく

26

どう読むかわからない人へ

接続詞に注目！「内容」より「構造」をまずとらえろ

「ほんの少しでもわかるところは……と言われても」

そんな難しい内容の本を読んでいる人に、さらに楽な読み方をご紹介しましょう。

それが、まず「内容」ではなく「構造」を読むやり方です。

「構造」というと難しく聞こえるかもしれませんが、とっても簡単です。

たとえば、内容がわからなくても、「ここで文章の流れが変わるのかなぁ？」「文章がいったん区切れるのかなぁ」と、段落や接続詞に注目することでわかるところがあると思います。

これが「構造」を読む、です。

そして、**そういった「構造」が明確にわかるように、線などを積極的にどんどん文章に書き込んでいくのです。**

「わざわざ書き込まなくても……」と思うかもしれませんが、そうやって線を書き入れることで、ほんの少しでも脳の負担が減ります。それが、内容について読む余裕を生むのです。

「構造」は、ひとつの文章のなかにもあります。

まずは日本語を読めるようになろう！

（外国語の試験はさておき）どんな試験も日本語で書かれています。その日本語がちゃんと読めるかどうか、大事ですよね。「日本語だからわかります」と思っているかもしれませんが、「現代国語」の試験、スラスラと解けますか？　「苦手です……」という人は、試験に必要な知識以前に「現代国語」のテキストで日本語の読み方を学ぶことが必要かもしれません。

次頁へ続く

長い文章であれば、どこかで大きく二つに区切れるかもしれません。そんなところで、／（斜線）を入れて区切っておくのです。これだけでも、少し読むのが楽になります。

流れが変わる段落と段落の間に横線を入れて区切っておくのも効果的です。内容を読む気がしないときは、まずはこんなふうに「構造」に着目していきましょう。

構造を読むのに役立つのが、接続詞です。

「そして」「しかし」などだけであれば、追いかけるのは楽ですよね。そういった言葉を○で囲んだりして、内容はともかく、文章の流れだけをつかんでしまうのです。

そのほか、「たとえば」とか「要するに」といった言葉も、「構造」を読むのに役立ちます。

「たとえば」であれば、その前に何か主張が書いてあり、次にその具体例が書いてあるということです。これだけでも、内容を読むのが楽になります。

「要するに」であれば、その後にまとめの文章があることが予測されます。

そこまでしなくても、まずは上で述べたような文の流れを意識する、要点を押さえるといったことから始めましょう。その練習としては古典的ではありますが、新聞を毎日読むというのは効果的です。ツイッターやフェイスブックなどで流れる短い文だけでなく、もう少し長めの文章を読むことを日々の習慣に入れていきましょう。

こういった構造も人は無意識に読んでいますが、それを意識的に行うことで、より楽に、どんな文章でも止まることなく、くり返せるようになります。

こうして、内容は読めなくても、構造だけでも読んでいけば、だんだんと楽になって、内容に意識を向ける余裕が出てきます。

通常は内容も構造も同時に読もうとしてもなんとかなるのですが、内容が難しい、あるいは構造が難しい場合は、「まずは内容ではなく構造」というように、意識を切り分けることで、楽に読めるようになります。

大事なことは、読むのを止めないことです。

同時に、ボーッと読むのではなく、ほんの少しでもわかるところ（それは構造でも構いません）を確認し、くり返すなかで、それを揺るぎない柱にしていくことです。

そうすれば、だんだんと構造から内容、そして細かい内容に入っていけるのです。

長い文章は斜線で区切る
見出しが少ないページは横線で区切る

27

繊細・きれい好きな人へ

プロッキーを手放すな 読むところを減らして 回転を加速せよ！

過去問をどんどんくり返し読んでいくと、ある言葉や文章などは「もうそんなの常識だよ」とか「もういいよ」というぐらいにまでなじみが出てきます。

これが、「常識化」の状態です。

こうなったら、プロッキーなどの太めの水性サインペンで消しましょう。「常識化」するほどなじむと、もうすでに「読む」というより、見た瞬間に「思い出す」状態になっていて、かなり読むスピードは速くなっています。

とはいえ、いくらかの時間を使っています。ペンで消せば、この時間が節約され、回転速度は上がり、回転量を増やして、「わからないところ」にもっと時間を割くことができるようになります。

このため、ペンで消すことを行うのです。

また、これはもうひとつ効果があります。**ペンで消すことで、自分の勉強の進捗度が一目瞭然になるため、さらに勉強のやる気に加速がつくのです。**

簡単にいえば、「もっとペンで消したい！」という願望が出てくるわけです。

もちろん、きちんと「常識化」していないのに、ペンで消すようなことがあってはなりませんが、やる気が出るとスキマ時間の活用への意識がさらに高まり、ほんのちょっとした時間でも問題集を見たり、思い出そうとしだすのです。

なので、ぜひペンで消すことを取り入れましょう。

「でも忘れてしまうかもしれない……」と不安をお持ちの方もいるでしょう。

もし不安であれば、無理に消すことはありません。先ほど述べたように、なじんでいくなかで、読むスピードはどんどん速くなっていきます。ただ、消すことで読むスピードはさらに加速しますので、少しでもペンで消していきましょう。

なお、黒色のペンでなければ、消した文字も透けて見えるので、忘れたらまた見ればいいだけの話です。

こうしてペンで消すと、見る箇所が減りますから、さらに速く読めて、たくさんくり返しができるようになります。

そうすれば、まだ常識化していない箇所を見る時間が増えますから、そこが常識化するスピードが加速していきます。そうすると、ペンで消すことが増えて……というように、どんどんわかるところが増えていくのです。

ぜひペンで消すことによって、実感してください。

試験会場でほかの人の本をのぞき見ると……

試験会場ではだれもがテキストや過去問を広げて最後の勉強をしています。そのとき、この勉強法を実践しているかどうかは一目瞭然です。太いペンで大きく消しているかを見ればいいだけです。そして、あなたがページをめくる速さと、その他大勢の人の速さの差も一目瞭然です。あなたは試験当日の直前の勉強でも、大きな差をつけることができるのです。

そして、**さらにこれを加速させるのが、「ホチキス留め」です。**

見開きページですべて常識化したところに関しては、もうページをめくって見る必要がないわけですから、ホチキスで留めてしまうのです。

めくる手間・時間はかなりのものですから、これでまた読むスピードが加速し、「わからないところ」にさらに時間を割けるようになります。そうなれば、「わからないところ」になじみ、そこがわかるようになるスピードがさらに加速していくのです。

私が行政書士試験を受験した際には、試験本番前日には各科目でホチキス留めしていないページはほとんど数ページになっていました。こうなると、一回転にかかる時間は全科目でもほんの数分です。どれだけ効率的になるかがおわかりいただけるでしょう。

「常識化」したところはほんの少しでも今すぐペンで消そう

28

詰めの甘い人へ

正答率より正答スピード一瞬で判断できるまで「常識化」しろ！

たくさんくり返すために、限られた少ない問題集やテキストに取り組むことをお勧めしていますが、だからといって、勉強が楽になるわけではありません。その限られた範囲を徹底的に「潰《つぶ》す」ことが必要だからです。

「潰《つぶ》す」というのは、完全に自分のものにするということです。

択一式の過去問であれば、そこで問われている知識を見た瞬間に、「そんなの当然でしょ」と判断できるぐらい「常識化」すること。

そこで「えーと、どうだっけ？」と考えているようではダメなのです。

たとえば、「お酒を飲めるのは20歳以上である」という文章を読んで、一瞬で「そんなの当然でしょ」と思いますよね。

これぐらいに試験で問われている知識を常識化していくわけです。

そのためには、単に「わかった」というレベルではダメです。

「わかった」というところからさらにくり返して、頭というより身体で反応できるレベルにまで身につけていくのです。

クルマの運転にたとえてみましょう。

最初、教習所内で練習し始めたときは、ブレーキを踏む、アクセルを踏むというのは、少し「どっちだっけ？」と考えて行っていたかもしれません。さらに、最初はミラーを見ることや、ギアを入れ替えるなどもいちいち考えてぎこちなくやっていたかもしれません。そのときは、だれかと話しながら運転するなんて想像もできないでしょう。

クルマの運転操作だけで、頭が一杯だからです。

それがだんだんと練習を重ねていくなかで、頭で考えずに、身体で反射的にすべての動作ができるようになっていきます。

そうなって初めて、とっさのときにも反応することができるのです。

これと同じように、試験で問われている知識に対する反応も、どんどん速めていけるようにするのです。

もちろん、いきなり難しい細かい知識に対しては無理かもしれません。だからこそ、**まずは基本的な概念や知識に対して、それを徹底的に常識化するまで、目に頭に、そして身体になじませていくのです。**

そういった基本的な概念、知識が反射的に行えるようになることで、複雑な知識もその組み合わせの上に成り立っていますから、だんだんと楽になり、そ

知識も行動です

最近、「行動」に焦点を当てる「行動分析学」が注目を集めています。性格や態度、心といったあいまいなものではなく、目に見える具体的な「行動」を観察し、その増減を働きかけるものです。行動分析学では「知識も行動である」と考えます。何かの知識があるということも、それを説明する「行動」で初めて確認できます（詳細は138ページからのコラムで）。

れに関する反応スピードも上がっていきます。

クルマの運転にしても、ブレーキやアクセルの操作、ハンドルの感覚などが身についていけば、そこからだんだんと複雑な操作ができるようになるのです。

そして、複雑な状況での運転も、最初は頭であれこれ考えていたのが、それをくり返し経験することで考えないでできるようになっていくわけです。

この「常識化」のためには、従来の勉強のように「わかった」「わからない」や、「正解だった」「間違いだった」を基準に勉強していてはいけません。

それよりも、「わかった」「わかる」と判断できるまでのスピードをチェックして、そのスピードが上がるように勉強していくのです。

焦点をあわせるべきは、「正答率」ではなく「正答スピード」。知識に対する「反応スピード」です。

それを上げることによって、複雑な概念・知識を理解する余裕が生まれ、理解が進み、さらに、プレッシャーのかかる試験本番でも使える知識になります。

反応スピードを常に観察し、くり返して上げ続けよう

column4

行動分析学から高速大量回転法を解説する

高速大量回転法では「わかろう」とはしませんから、普通の勉強ではよくある「考える」時間がほとんどありません。

どんどんページをめくり、目を走らせ、また戻ってくり返して、その間に顔を上げて思い出したり。傍から見ていると、「勉強」というより「運動」、「思考」というより「行動」のように思えるかもしれません。そして、実際そうなのです。

知識も行動である

ここ最近注目されている学問分野に「行動分析学」があります。この行動分析学では、「知識」も「行動」と考えます。

たとえば、あなたが「あの人は法律の知識がある」というときに、それはどのように判断したのでしょう？　おそらく、その人が法律に関することを流暢に話しているのを聞いたとか、なんらかのその人の行動を見て判断したのでしょう。

試験勉強でも試験に関する知識があることがわかるのは、その知識を話せたり、書けたり、問題を解けたりするといった行動なのです。

単純な知識に熟達すれば、複雑な知識が修得できる

この行動分析学から生まれた教授法のひとつに「プリシジョン・ティーチング」という方法があります。これは、複雑な知識もより単純な知識の組み合わせなので、複雑な知識をマスターするためには、単純な知識に熟達し、流れるように素早く利用できるまでくり返し練習すればいいという考え方に基づいています。知識は単に正確に知るだけでなく、素早く活用できることが重要なのです。

具体的には、専門用語をくり返し見て、なじみ、覚えることで、難しい資料も楽に読めるようになります。なじみのない専門用語が並んだ文章は、嫌気がさしてなかなか読めません。それが、専門用語だけでもなじんでくると、読むのが楽しく、ラクになるからです（参考『パフォーマンス・マネジメント』島宗理著　米田出版）。

高速大量回転法において、わかるところとわからないところを分けつつ、とりあえずわかるところをどんどんとくり返しているのは、わかるところに熟達し、より素早く活用できるよう

になることで、わからないところも含めた全体がわかるようにしているのです。
なので、単に「わかる」だけでは不十分で、即座にわかる・判断できることが重要なのです。

わかるから楽しい、また読みたくなる

人間、わからないことは気持ちのいいものではありません。わからない文章はなかなか読む気がしませんよね。一方、わかるところがあると、ホッとして読む気になります。

読む気がしないと、読む回数が減って、わからないところはわからないままです。逆に読む気になれば読む回数が増えて、わかるところはよりわかるようになります。また、わからなかったところもだんだんとなじんできて、わかるところが見つかってきます。

であれば、わかるところに焦点を当てて、楽に読めるようにしてどんどん読めばいいのです。

それはムダではなく、わかるところの熟達度合いを上げます。それによって、わかるところを読むスピードは速くなり、余裕が生まれます。

すると、これまでわからなくて読む気がしなかったところも、少しは読もうという気になります。そうするなかで、わからないところもだんだん読めるようになり、最終的には文章全体がわかるようになるのです。

第5章

「覚えられない」なんてありえない

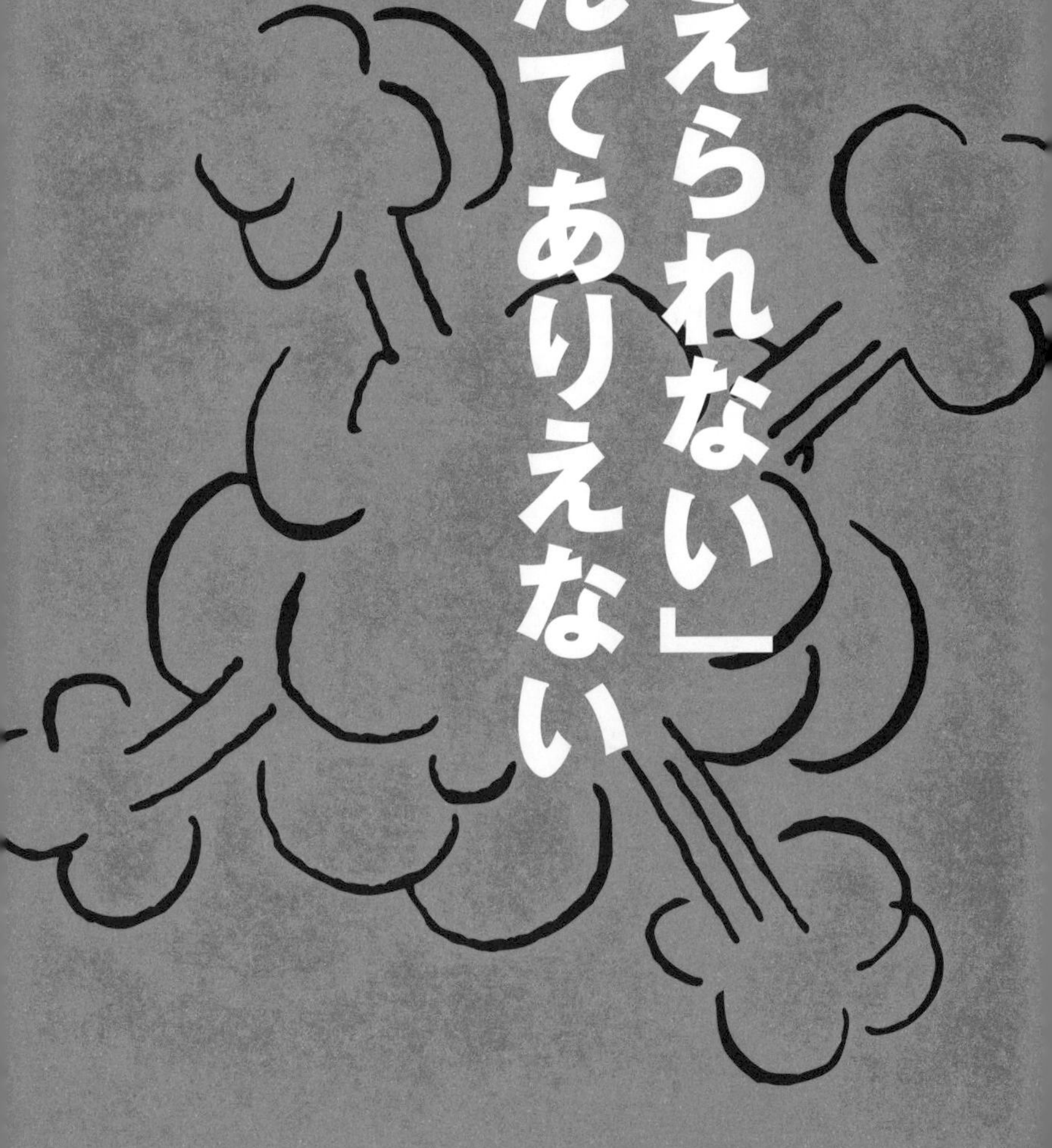

29

ラクしたがる人へ

覚えるために「忘れる」ことは必要 忘れたらまた覚えろ！

「なぜ、１回読んだだけで覚えられないのか……」と思う人はいませんか？

確かに、テキストや問題集の必要な知識を１回でしっかり覚えられたら、苦労しないですよね。しかし、実際には脳はくり返しによって記憶する仕組みになっています。

なぜ、一発で正確に記憶できないのでしょう？

それは、**一発で正確に記憶できると、困ったことがたくさん起きるからです。**

脳研究者の池谷裕二さんは、次のような例で説明しています。

「初対面の人に会ったとき、その人はきれいな髪に水玉のリボンをつけて紺のワンピースを着ていたとします。しかし、つぎに会ったときには同じリボンとワンピースを身に着けている保証はありません。もし、これらすべてのものを厳密に記憶したとしたら、再会したときにその人は別人として認識されてしまいます。これでは困ります。ですから、記憶には厳密さよりも、むしろ、曖昧さや柔軟性が必要とされるのです」（『記憶力を強くする』講談社）

１回では正確に記憶できない私たちの脳。しかし、そのいい加減さのおかげで、変化する環境のなかで柔軟にうまく適応することができるのです。

いわば、脳は一度に正確に記憶できないほうが優秀であるといえるのです。実際に、いわゆる下等な動物ほど、正確に記憶できる傾向が強くなっており、人間に近くなればなるほど、いい加減な記憶しかできないのです。

もし、あなたが一発で正確に記憶できないのであれば、あなたが変化する環境に適応していく力がある証拠なのです。逆に、一発で正確に記憶できてしまうとすれば、柔軟性がなくなり、融通がきかなくなってしまっている危険性すらあるのです。

そして、覚える・忘れるをくり返すといっても、まったく忘れているわけではありません。**「あっ、忘れた！」と思っていても実は記憶しているから「あっ、忘れた！」と思うのです。**

「忘れた」というときでも、「だんだんと記憶しているんだ」と思いましょう。

そのために、ここで記憶心理学の考えを紹介します。

それは「再生」と「再認」という二つの記憶レベル。

そらで思い出せる記憶が「再生」、何かを見て判断できる記憶が「再認」と呼ばれています。

失敗しないことより、失敗からの立ち直りを速くする

いわゆる成功者、仕事ができる人というのは、失敗しないで最初からうまくやる人ではありません。失敗とうまく付き合っているのです。さっさと失敗して、失敗してもそこからさっさと立ち直って失敗から学んで、またさっさと挑戦する。その時間が短いので、結果的に速く成功したように見えるだけなのです。覚えること、忘れることも同じです。

たとえば、リストに書かれた単語を見せて、見せたあとにリストにあった単語をできる限り書かせるのは「再生」のテストになり、単語を見せながら「リストにあったかどうか」を答えさせるのは「再認」のテストになります。

このように、あなたのなかで、「忘れた！」ではなく、「まだ再生はできないけれど、再認まではいったぞ」というように、これまでの「覚えた」「忘れた」という粗い表現を変えるだけでも、記憶度合いを細かく評価することができて、自分の進歩を実感できるようになります。

そして、くり返すことがだんだんと楽になってきます。**ある意味、「忘れた」分だけ覚えられるわけですから、さっさと忘れることを経験してしまったほうがいいのです。**

「忘れた……」と落ち込んでいたあなたから、「再認はできるぞ！」とか「これでまた覚えられるぞ！」と「忘れた」ことを前向きにとらえて、止まらずに進んでいけるように変わるでしょう。

忘れていたら、「これで覚えられる！」と喜ぼう

30

くり返しが苦手な人へ

覚えているから
楽にくり返せる
熱いうちにくり返せ！

覚えるためのとっておきの秘訣をお伝えしましょう。

それは、**「覚えているうちにくり返す」**ことです。

これを聞いて、「もう覚えているのなら、くり返す必要はないでしょう?」と思われるかもしれません。

この秘訣を理解するには、まず記憶には二つの種類の記憶があることを押さえておかなければいけません。

その二つの種類の記憶とは、「短期記憶」と「長期記憶」です。

「短期記憶」というのは一般的には、保たれている期間が30秒から数分程度までの記憶、それよりも長い時間の記憶が「長期記憶」と呼ばれています。

先ほどの「覚えているうちにくり返す」の「覚えている」は短期記憶であり、一般にいう「覚える」とは長期記憶のことです。

長期記憶となるためには、くり返しが必要ですが、短期記憶にはくり返しが必要ありません。

たとえば、今こうやって本を読んでいる間も、あなたは「短期記憶」を使っています。

「記憶なんてしていませんよ」と思われるかもしれませんが、ほんの少しの時間でも前に読んだ文章を記憶しているから、言葉や文章を頭のなかでつなげながら理解できるのです。人との会話でも同じです。

2桁と2桁の足し算を暗算する場合も、ほんの少しですが、短期記憶を活用しています、「34＋67＝?」と言われたとき、まず1桁目の「4＋7＝11」と計算してこの数字を、次の2桁目「3＋6＋1＝10」と計算する間も記憶しているから「101」という答えが導き出されるわけです。

記憶しようと思わなくても、われわれは注意を向けたものを瞬間瞬間に記憶し続けています。こうやって「短期記憶」している知識を「覚えているうちにくり返す」のです。

なぜ、これが覚えることの秘訣というほど有効なのか?

それは、**「覚えているうちに素早くくり返せる」**からです。

たとえば、この項目の冒頭に述べた覚えるための秘訣、「覚えているうちにくり返す」という言葉をあなたは覚えているでしょう。

この言葉を今くり返してもらえますか?

記憶力の悪い人なんていません

「私は記憶力が悪くて……」と言う人は多いですが、記憶力の悪い人なんていません。そんな人でも好きなことは驚くほど記憶しているからです。あなたも大好きな趣味については膨大な知識を記憶しているでしょう。それは好きだから、知らず知らずのうちに何度も何度も数え切れないほどくり返しているからです。まさに「好きこそものの上手なれ」なのです。

すぐに、しかも楽にくり返せましたよね。

私が「くり返してください」と言ったそばからすぐに「覚えているうちにくり返す」という言葉が一瞬で浮かんできて、くり返せたと思います。

と、言いながら、もうすでにさらに何回、もしくは十回以上、「覚えているうちにくり返す」という言葉をくり返したかもしれません。

さらに、今は頭のなかで「覚えているうちにくり返す」という言葉が勝手に回転し始め、数えきれないほどくり返されているのではないでしょうか。

このように「覚えているうちにくり返す」ことは、がんばる必要もなくできるため、くり返しの回数を一気に増やすことができます。そして、そのくり返しのなかで、だんだんと長期記憶に移行していくのです。

「今読んだところは……」とふっと思い出す形で、思い出せるものだけを楽にくり返していきましょう。そうやって、記憶を定着させつつ、だんだんと細かいところに入っていけばいいのです。

今読んだところをふっと思い出してくり返そう

31

完璧主義の人へ

今の足場を固めろ 思い出せるところから 思い出せ！

「覚えているうちにくり返せ」と言っても、「全然思い出せません」と言う人がいます。あなたはどうでしょう？

こんな場合、よくよく聞いてみると、「全然思い出せない」わけではなく、ほんの少しでも必ず何か思い出せています。

しかし、思い出せない部分に意識がいって、そこに焦点を当てて「全然思い出せません」という言葉になってしまっています。

この「全然……」という言葉は、非常に危険です。

せっかく思い出せている箇所があるのに、そこを無視してしまうからです。思い出すときに、ほんの少ししか覚えていないにしても、

「タイトルに『代理』という言葉が入っていたなぁ。あの項目の説明の最初には相関図が書いてあって、その下には表があった。６行ぐらいの表だったなぁ。金額が確定しているかどうかがポイントだった」

なんていうように思い出せば、この作業で思い出した「代理」という言葉や相関図、表、「金額が確定しているかどうかがポイント」という話は、記憶に定着し始めます。

スイッチフルバック学習法

昨日せっかく勉強して覚えたことを忘れたくない……。そんな思いから生まれた勉強法があります。その名も「スイッチフルバック学習法」。常に最初に戻って勉強する方法です。今日、テキストの最初の 10 ページを勉強したら、次の日はその 10 ページを勉強してから次の 10 ページを勉強する、そして次の日はまた最初に戻って……という方法です。

次頁へ続く

そして、次に読むときには、もう思い出そうとしなくてもさっとより素早く、鮮明に思い出せるようになってきます。そして、ここはもう前提となって、そのほかのことが思い出せるようになってくるのです。

もし、「全然思い出せない」という言葉を使っていたら、先ほど書いたことは記憶として定着してきません。次にくり返すときにも、またゼロからのスタートになってしまうのです。

ほんの少しの違いですが、**そのほんの少しでも「わかるところ」「覚えているところ」として確認し、そこからさらにくり返していくことが大事なのです。**

確かに新しい分野のテキストや問題集を読んだときなど、見たこともない言葉が多くて、最初はほんの少ししか頭に残らないこともあるでしょう。

しかし、ほんの少しでも何か残っていれば、それが支えとなる柱となり、そこからさらに先に進んでいくことができるのです。つまり細かい内容に入っていけるのです。

「全然思い出せない」「こんなに少しでは役に立たない」と言う人は、完璧主義のワナにはまっています。そして、皮肉なことに完璧主義なあまり、ほとんど

だんだんと勉強する範囲を広げつつ、しかも常に最初に戻って勉強するわけです。日を追うごとに1日で読むページ数は増えていきます。もちろん、何回も読むうちにその箇所は速くなりますが、「最初はいいけれど、どんどんきつくなる」方法です。高速大量回転法は、この方法をもっと楽にできるように改良したものと言えるでしょう。

ど進歩が期待できないのです。

ほんのかすかでも、光があれば、そこに焦点を当ててくり返していく。具体的には、少しでもわかるところ・覚えているところに焦点を当てて、そこをくり返していく。そして「覚えているうちにくり返す」のです。

そのなかで、最初は細かった柱が太くしっかりしたものになったり、かすかな光がまぶしく強い光になってきます。

小さなこともおろそかにせず、大事に育てることです。

もちろん、１回であればそれで終わりですが、何十回、さらには何百回とくり返していくなかで、それは確実に大きくなります。

毎日、種に水をやりながら育てていくように、最初は小さい芽でもそれを大事にしつつ、気長にくり返していきましょう。

そうすれば、それがいつか大きな木となっていくのです。

ほんの少しでも「思い出せるところ」に
意識を向けて思い出す

32

くり返しが苦手な人へ

「くり返し」は脳の本質
「くり返し」を避けるな
受け入れろ！

私の勉強法の核となっている「高速大量回転法」（詳しくは42ページからのコラムを参照ください）。

これはよく「高速回転法」と勘違いされます。とにかく、「高速」に「回転」できる方法と思われるんですね。

もちろん、「高速」も大事ですが、**この方法のもっと大事なところは「大量回転」の「大量」です。つまり、大量のくり返しにあります。**

「高速」は、くり返すために必要な条件にすぎないともいえます。低速では、くり返せませんから。

とにかくたくさんくり返すために、止まらず、ざっくり、わかろうとせず、わかるところとわからないところを分けつつ、わかるところだけに焦点を当てて「高速」に読んでいきます。

そして、そうやって大量にくり返す結果として、中身も伴いつつ「高速」に読むことが可能になっていきます。

ただ、この「くり返し」。多くの人が嫌います。

「なんとか1回、もしくは少ない回数でできないか」と思うのです。

5000人以上の名前を覚えているホテルマンの秘密

大阪のあるホテルには5000人以上のお客様の名前を覚えているドアマンがいるそうです。『ビジネスマンのための「行動観察」入門』（松波晴人著　講談社現代新書）がその記憶の秘密を明らかにしました。そのホテルマンの工夫のひとつはお客様が所属する「会社」という情報を加えていたこと。いわば「見出し」をつけることで覚えやすくしていたのです。

次頁へ続く

確かに何かモノを作るときに最初からきっちりと丁寧に作らなければ、さっさとやっても不良品になってやり直すことになり、結局遅くなります。なので、ゆっくりでもいいから丁寧に作り込むことが求められるのです。

しかし、このじっくり、ゆっくりやって1回で終わらせることが、すべての物事に当てはまるわけではありません。モノ作りでもとりあえず、ざっくりしたイメージで試作品を作って、そこからだんだんと細かいイメージを作っていったほうがよいものになり、効率的な場合もあります。

そして、試験勉強では、この「じっくり、ゆっくりやって1回で終わらせる」発想では、結果的に遅くなり、質も低下してしまいます。

それよりも、ざっくりざっくり、くり返すという発想が大事になるのです。

なぜなら、理解や記憶が相手としているわれわれの脳が、そういうやり方でないと変化しないからです。

脳は、大雑把にしか記憶・理解できないのです。そして、くり返さないとそれを大事なものだと認識しないですし、記憶しようともしないのです。

このため、脳の立場にたつと、「ざっくりざっくり」、そして大量にくり返す

さらなる工夫を挙げると、彼はお客様の名前や会社名を書いたノートを持っていて、それを「何度もくり返して覚える」「間隔を空けて見直す」「寝る前やホテルから帰る前に見直す」ことを行っていたのです。つまり「くり返し」ていたのです。見出しをつけたりといった工夫をしつつ、くり返すことでこのホテルマンのように膨大な情報が記憶できるのです。

という高速大量回転の考え方がマッチしているのです。

人は速く終わらせようと思うと、速く、そして１回で済ませようと考えます。

このため、なんとかくり返しを避けようとします。

しかし、そこにワナがあります。

くり返しを避けようというのが、脳の基本的な性質に逆らうことになり、うまくいかないのです。いわば、重力の法則を利用するのではなく、それに逆らってモノを動かそうとするようなものです。

脳の「重力の法則」ともいうべき「くり返し」に逆らうのではなく、それを受け入れてしまいましょう。

いったんそれを受け入れてしまえば、これまでのムダながんばりが一気に不要になり、とても楽になります。

そして、どうやって「くり返し」を避けようかと考えるのではなく、楽にくり返すにはどうすればいいのか？という発想になればいいのです。

「１回で覚えられたら……」幻想を捨て、「くり返し」を受け入れる

33

受け身になりがちな人へ

アウトプットが先だ
読む前に口に出せ
読んだら口に出せ

あなたは、息を深く大きく吸うコツを知っていますか？

それは、まず、深く大きく息を「吐く」ことです。

つまり、**何かを入れるためには、まずはスペースを空けることが大事です。**

これは、試験勉強でも同じです。

何か知識をインプットしようと思うと、まずはアウトプットすることが必要なのです。

「え？　アウトプットしようにも、インプットがないとできないですよね？」

そう思われるかもしれませんが、まずは今知っていることを少なくてもアウトプットするのです。

そうすると、知らないことがより明確になってきます。つまり、これからインプットすることが明確になる、それを受け入れるための器ができるのです。

具体的には、まず「読む前に口に出す」こと。

口に出すのではなく、ざっと思い出すだけでも構いません。もし、まったく手がかりがなければ、とりあえず見出しだけにざっと目を通してから口に出す、思い出すだけでもいいでしょう。

インプットの前に、そのための準備をすることです。

そして、読んだあとにも思い出すこと、口に出すことが重要です。つまり、インプットの前だけでなく、あとにもアウトプットをするのです。

あとのアウトプットは、前のアウトプットと役割が違います。こちらは、インプットしたものをより明確にするために行います。インプットしたらすぐにアウトプット、つまり思い出したり、語ったりしてくり返すことで、記憶は定着するのです。

また、試験本番は、アウトプットすることが求められます。**いくら、頭にインプットされていても、それをアウトプットして引き出すことができなければ使いものにならないのです。**

このため、こうやってアウトプットする練習をすることで、試験本番でもスムーズにあわてずに、アウトプットができるようになるのです。

資格試験予備校などでは、最初にテキストを勉強する「インプット期」があり、そのあとに答練や模試などの「アウトプット期」というような順番になっていますし、独学の人でもほとんどの人が最初にテキストでインプットしてか

アウトプット＝インプット

あなたが口に出したり、人に説明したりしてアウトプットする際、同時にあなた自身がそれを聞いて再びインプットしています。また、本を読んだり、話を聞いたりしてインプットする際には、同時にあなたのなかにある関連知識などの記憶を思い出してアウトプットしています。このようにアウトプットとインプットはよく見ると同時に起こっているのです。

ら、問題集でアウトプットすると考えています。

一見、理にかなったように見えるこの順番・方法が、実は非効率的なのです。

それよりも、アウトプットを先行させるとともに、毎日の勉強のなかで、インプットとアウトプットを同時並行的に行うのが効率的・効果的です。

これを続けていくと、無意識の習慣としてこのアウトプット→インプット→アウトプットのサイクルが回り、一気にくり返す量が増えていきます。

そのなかで、「アウトプット＝インプット」であり、「インプット＝アウトプット」であることにも気づいていくでしょう。

アウトプットする際には、そこで改めてインプットされます。そして、インプットする際にも、自分の記憶のなかにある関連知識を思い出し（アウトプット）ながら行っています。

こうなると、毎日の試験勉強（インプット）が限りなく、試験本番当日の試験（アウトプット）の状態に近づき、より実践的な勉強になっていくのです。

読む前に3秒だけでも思い出す、読んだあとも3秒だけでも思い出す

34

繊細・きれい好きな人へ

太い文字は見やすい 恐れるな 太ペンを使え！

この本の巻頭のカラーページにある写真を見てもらいたいのですが、これは私が実際に行政書士試験の勉強をした際に使っていた過去問です。

デカデカと太く、大きな字で書き込んでいることにびっくりされたでしょう。試験会場でも、周りの人などのテキストや問題集をチラッと見ていましたが、こんな大きさや太さで書き込んでいる人は皆無でした。

ほとんどの人は書き込みのない問題集やテキストでしたし、書き込んでいる人にしても、ボールペンやシャープペンシルの細い字で書き込んでいるか、蛍光ペンでラインを引いている人でした。

何か大事なキーワードを理解したい、記憶したいときに、**細く小さな字で書いたものと、私のように太く大きな字で書いたものとでは、どちらが速く、深く理解し、記憶できるでしょうか？**

好き嫌いがあるかもしれませんが、私のほうであることは間違いないでしょう。

これだけ太く、大きな字で書いてあれば、否が応でも覚えてしまいますよね（とはいえ、やはりくり返さないとなかなか覚えられないのが人間の脳ですが）。

もう少し、これはなぜなのか、細かく見ていきましょう。

まずは、文字を見て認識する「認識スピード」。

この「認識スピード」は先ほどの細く小さな字と、太く大きな字とではどちらが速いでしょう。

そうです。太く大きな字ですよね。太く大きく書くだけで、読む時間、ひいては勉強時間が短縮できるわけです。

ただでさえ時間が少ないわけですから、これを活用しない手はありません。

また、**太く大きく書いていると、歩きながらでも楽にチラチラ見ることができます。**これが細く小さな字であれば、目を近づけたり、そこに意識を集中する必要があって、危なくてしかたありません。

満員電車のなかでも、チラッとページをめくってみれば、読むことができますし、太く大きな字であれば残像も現れますから、それを思い出すことを重ねることで、より記憶に定着させることができるわけです。

これだけ効果の明らかな、太く大きな字を書くことですが、いくらお伝えしても実行できる人は一握りです。そして、実行した人は、「こんなに読むのが

「一度慣れてしまえば、やみつきになりますね」

太いペンで過去問やテキストに書き込むことに、ほとんどの人が最初抵抗を示します。しかし、いったん書き始めてしまえば、「こんなに勉強が楽になるんですね！」と嬉々として書き込み始めます。先日もある読者から「一度慣れてしまえば、やみつきになりますね」というメールをいただきました。ぜひ勇気を出して、最初の一筆を踏み出しましょう。

楽になるんですね」とか「もっと早くやっておけば……」と言われます。

あなたもぜひ、太く大きく書いてみてください。

「裏写りしないか」とか「書いてある文字が読めなくなるのでは」など心配する人がいますが、そんなに心配する必要はありません。

今は三菱鉛筆のプロッキーなど、太字の水性ペンで書きやすく、裏写りもしにくいものが出ています。また、黒い色を使わなければ、たとえ文字の上に書いたとしても、あとで読むことは可能です。

ぜひ、思い切って書いてみてください。

これまでの学校教育のなかで、何か書くときはノートに書くものと教えられてきて、それが身についてしまっているかもしれません。教科書はきれいなままにしておくのが正しいと教え込まれているかもしれません。

しかし、そんな試験勉強では役立たない常識は、さっさと捨てさってしまいましょう。

「大事だ！　でもなかなか頭に入らない！」と思ったら、太く大きく書いてみる

35

記憶術で苦労した人へ

記憶術は強力だが要注意 試験直前よりも 最初で使え！

「1日でテキストが100ページ記憶できる！」

試験勉強でなかなか知識が頭に入らないあなたに、こんな記憶術の宣伝文句は刺さりますよね。

「本当にそんな方法があるなら……」と、記憶術の本を読んでみて、そこに書いてあるように言葉をイメージに変換して覚えてみると、確かにイメージに変換した言葉は、強烈に頭に残る。

「よし、これでラクラク合格だ‼」

そう思ったことがある人はいませんか？　実は、私がそうだったのですが……。**「記憶術」は確かに強力です。しかし、使い方を間違えると、かえって試験勉強が非効率になり、記憶できないという悲しい結果になるのです。**

覚える対象が、たとえば単語100個や1000個程度であれば、「イメージ」を使った記憶法が絶大な力を発揮します。

しかし、実際の試験勉強で覚えなければいけない知識は、その程度ではありません。その何十倍、何百倍といった量になるのです。

その量をいくら時間をかけても、イメージ記憶では覚えられません。

私自身も記憶術の魅力にとりつかれ、それで挫折を何度もくり返しました。

そして**これがもっとも効率的・効果的な記憶術の使い方だ！といえるものを見出しました。**

それが、「目次イメージ記憶法」です（詳しくは174ページからのコラムを参照ください）。

あなたが記述式や論述式対策で、テキストをまるごと記憶する必要があるとき、まず、テキストを買ったその日に、その目次をイメージ記憶術を使って覚えてしまう方法です。

記憶術を試験で使えるものにするポイントは三つです。

ひとつ目は、記憶術で覚える対象を目次の章タイトルやせいぜい節タイトルに限ってしまうこと。記憶する量を減らすことで、記憶術の効果が発揮しやすくなります。

二つ目は、テキストを買ったその日に、というタイミング。

これまでの記憶術では試験勉強においては、ある程度テキストの内容を理解してから、試験直前にそれを記憶するために用いられていました。つまり、記

何千年とほとんど基本は変わらない記憶術

そもそも記憶術の起源は今から二千年以上前の古代ギリシアにさかのぼると言われています。当時は雄弁術がさかんで、スピーチの内容を記憶するのに用いられていました。その記憶術の原理はイメージと場所。覚えたい項目をイメージ化して、場所に結びつけていく方法です。そして記憶術は二千年たった今も、その基本は変わっていません。

憶術を試験勉強後半に用いていたのです。

それを試験勉強の前半、それも最初の段階で用いることがポイントです。

これによって、なかなかなじみがない新しい分野のテキストと一気に距離を詰め、試験勉強を加速させることができるのです。

最後のポイントは、**記憶術をくり返しを楽にし、理解を助ける手段として用いることです。**

通常、記憶術は1回もしくは数回だけで記憶させてしまう方法として用いられます。しかし、その前提に内容を理解していることが求められました。

とはいえ、新しい分野を記憶するよりも理解するほうが大変です。そして、実は理解のためには、その内容の言葉や文章になじんでおくことが効果的であり、そのためには記憶が有効なのです。

理解してから記憶するのではなく、記憶してから理解する。そして最終的には、その理解の力で記憶も行っていくのです。

テキストの目次は、今すぐイメージ記憶で覚えてしまう

36

覚えるのが苦手な人へ

本は「記憶のための道具」本を覚えるのではなく本で覚えろ!

本「を」覚えるのでなく、本「で」覚えよ。

「本を覚える」のはともかく、「本で覚える」ってどういうこと？と思った人も多いでしょう。

ところで、「本を」と「本で」の違い、わかりますか？

「本を」という場合の「本」が指しているのは、本の内容、そこにある情報や知識のことです。

そして、**「本で」という場合の「本」が指しているのは、本という形、構造のことです。**

おそらくあなたは、本を読んで、その内容「を」覚えようとしているでしょう。

しかし、これは非常に非効率的です。それはまるで、情報を何も整理せずにごちゃごちゃに頭に放り込むようなものだからです。

そうではなく、大事なのは本「で」覚えること。

確かに本の内容を覚えることは必要なのですが、そのために、本の「形」で、その形を使って覚えるということです。

本は記憶のための道具

『記憶術と書物』（メアリー・カラザース著　別宮貞徳監訳　工作舎）は、「異なるレイアウトの書物を見ると、イメージの混乱が起こって、頭にひとつのイメージを刻みつけられなくなるので、内容を覚えるには、いつも同じ書物を使うように」といったアドバイスが古くから行われていたことや、中世の神学者が学生に与えた言葉が紹介されています。

次頁へ続く

具体的にいうと、目の前に本がなくても、その本を思い浮かべて、内容を思い出せるようにするのです。

「何を非常識な……」なんて思われるかもしれませんが、実はこうした本の使い方がもともとの本の使い方なのです。

歴史的には、本は「記憶のための道具」だったといわれているのです。

ちょっと想像してもらいたいのですが、みなさんが手にしているこの本が巻物の形だったとしましょう。本だったら当たり前の「ページ」がない形です。今の形の本と巻物、どちらが記憶に残りやすいでしょう？　今の本の形ですよね。本をページで区切ること、そして、そこに付けられた図版などの装飾は、記憶を思い出すきっかけとして用いられていたことが知られています。

たとえば、この本を閉じて、たった今読んだ箇所を思い浮かべてください。

ぼんやりと、ページのイメージが浮かんできたのではないでしょうか？

もちろん、写真のようにページ上のすべての文字がくっきり見えているわけではないでしょう。しかし、項目タイトルのイメージ、出てきた図版など、なんとなく頭に思い浮かべることができたはずです。

「書物を読むとき、記憶の表象を定着させるのにたいへん有効なのは……、文字の色や形、位置や並び具合、……〔何が〕どの場（てっぺんか、真ん中か、一番下か）に置かれていたか……文字の線や羊皮紙の表面の彩色が何色だったかを記憶に刻みつけるように努めることだ。実際記憶を促進するのにこれほど有益なものはない」。本は記憶のための道具だったのです。

このぼんやりとでも思い浮かぶ本の「形」を記憶に使っていくのです。

たとえば、前の項目の「記憶術は強力だが要注意　試験直前よりも最初で使え！」のページを思い出してみましょう。この本は基本4ページ単位で組み立てられているので、4ページであることは想像できますよね。

たとえば、2ページ目には何が書いてあったでしょう？　ひとつか二つでも何か思い出す言葉があったかもしれません。そして3ページ目はどうでしょう。そうです。ページをめくって右側です。そして、最後の4ページ目は？

こうしていくと、ほんの少しかもしれませんが、頭のなかでページをめくることで、思い出せるものがあったと思います。

このように**ページの区切りやそこにあった図版などを活用しつつ、本の内容を引っかけて思い出していくのです。**

ついつい本の内容を覚えようとしますが、本の形に着目して、本の形を使って、そこから内容を思い出し、覚えていけばいいのです。

本の内容ではなく、本の形から思い出そう

column5

記憶法のもっとも効果的な使い方＝目次イメージ記憶法

あなたは、記憶法なるものを知っていますか？

たとえば、数十もの言葉を一度聞いただけで覚える……、バラバラのトランプのカード1組・52枚の並びを1分足らずで覚える……、百万桁もの円周率を覚えている……。

こんな「記憶の達人」が使っている記憶法を身につければ、テキストなんて楽に覚えてしまえるのに……、そんなことを思った人もいるかもしれません。

使えそうで使えないのが「記憶法」

私もその一人ですが、長年、なかなか思ったように活用できませんでした。逆に、手間ばかりかかって、「普通に勉強したほうが楽かも……」なんて思ったぐらいです。

記憶法はとても強力なのですが、実際の試験勉強では「使えそうで使えない」のです。

それは、先ほど挙げたような記憶法がよく用いられる対象と、試験勉強で覚える内容とでは、大きく違うからです。

記憶法が得意なのは無意味なものの記憶

たとえば、トランプのカードの記憶。われわれがなぜ、この記憶に驚くかというと、その並びが無意味なものであり、覚えにくいからです。

そうなんです。記憶法の対象となっているのは、無意味なものなのです。

一方、試験勉強で覚える内容はどうでしょう？

無意味なものはほとんどなく、その多くが意味のあるものです。

学習心理学では、「無意味学習」と「有意味学習」というように区別して、その効果的な学習法が研究されています。そもそも記憶法の得意とする分野と試験勉強では違うのです。

これが記憶法の「使えそうで使えない」原因なのです。

では、記憶法は試験勉強にはまったく使えないのでしょうか？

そうではありません。無意味なものの記憶に強いという記憶法の特性を生かすことで、試験勉強にとても有効に活用できるのです。

記憶法は試験直前に使うものではない

試験勉強で覚えるべきもののなかで「無意味なもの」は何でしょう？

それは、まだ買ったばかりのテキストの目次です。

おそらく出てくる専門用語自体の意味がわからず、無意味な言葉の羅列としか見えないでしょう。ここに記憶法を使うのです。

意味がわからないまま、とりあえず記憶してしまうのです。

具体的には、まず目次項目をそこから思いつくイメージに変換します（たとえば、「行政法序論」→「叙々苑の焼肉」で肉が焼けているイメージなど）。そして、このイメージを自宅から最寄り駅までの道順でよく覚えている場所・目印に結びつけていくのです（たとえば、自宅の玄関前でなぜか焼肉をしているなど）。なお、詳しい手順は、拙著『合格（ウカ）る技術』や『「1分スピード記憶」勉強法』をご覧ください。

なんともバカらしく思われるかもしれませんが、これによって、理解できなくてもその言葉・文章自体にはなじみ、これが理解につながるのです。

また、目次を頭に入れることで、そのテキストの全体像がおぼろげでもつかめます。言わば、地図を頭に入れたようなものです。

普通は本番直前に使われがちな記憶法を、もっと早い段階で使う。

この「目次イメージ記憶法」こそが、試験勉強でもっとも記憶法を効果的に使う方法です。

第6章

「忙しくて勉強する時間がない」のウソ

37
「時間がない人」へ

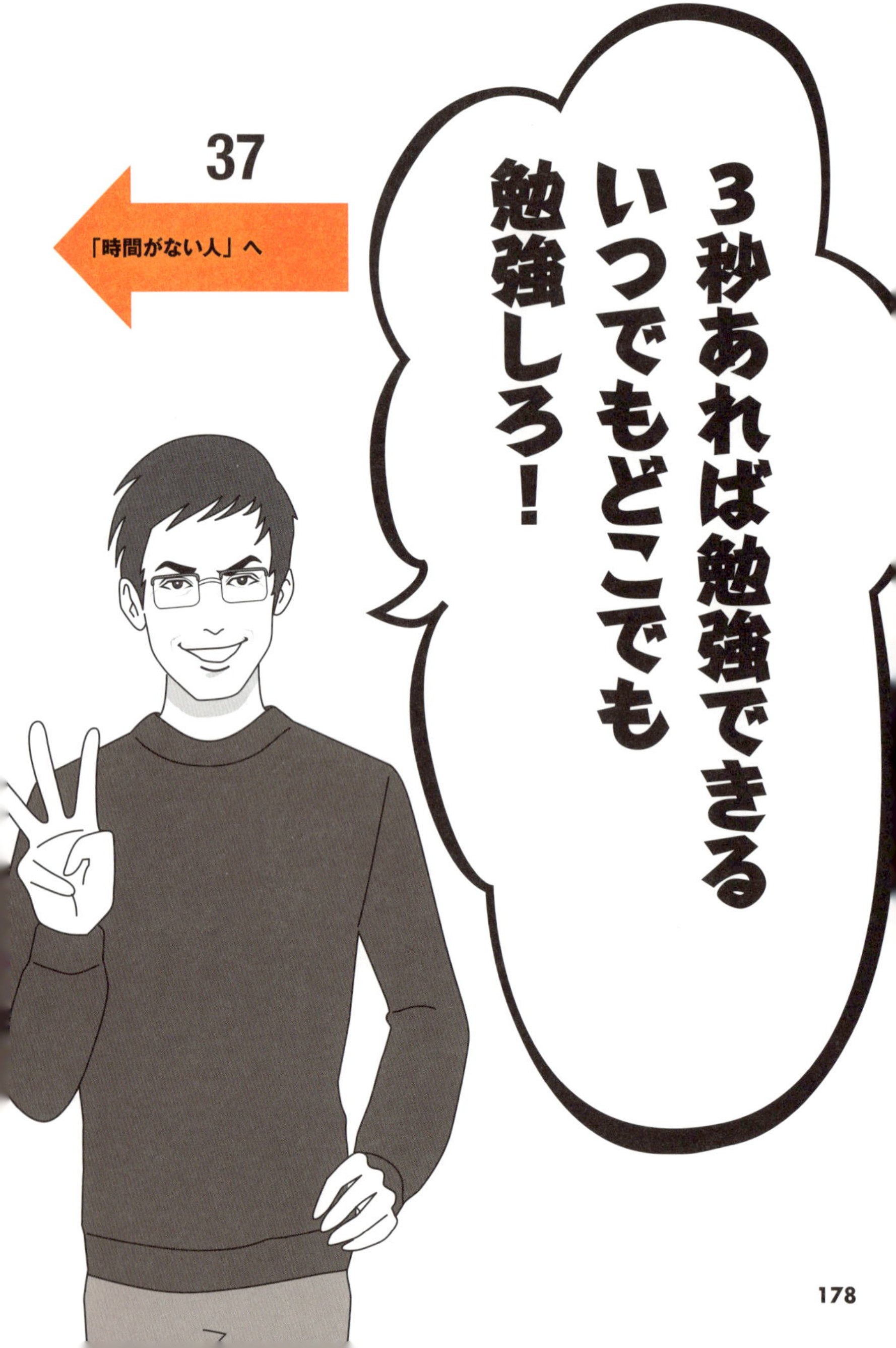
3秒あれば勉強できる
いつでもどこでも
勉強しろ！

「毎日、仕事が忙しくて勉強できないんです」

こんな言葉をくり返しながら、勉強できないでいませんか？

実は、この「毎日、仕事が忙しくて勉強できないんです」という言葉をつぶやいている、ほんの数秒の間に試験勉強はできます。

逆にいえば、そんなつぶやきをする暇があれば、試験勉強は十分にできるのです。

「そんな短い時間で何を勉強できるんですか？」と思うかもしれませんが、ほんとできるんです。

たとえば、勉強している試験科目の科目名を数秒で思い出してみてください。

「そんなの思い出すまでもないですよ」と言えるあなた、すばらしいです。それなら、その科目の章タイトルはどうでしょう？

「章タイトルになると数秒では無理ですよ。もっと時間がかかります」

もしそういう状態なら、今数秒でひとつの章タイトルでもいいので思い出してみてください。

「すいません。まったく思い浮かびません」なんて言う人もいるかもしれません。

そんな人はキーワードだけでもいいので、思い出してみましょう。そして、思い出せなくても構いません。この「思い出そう」という行動自体が、強力な試験勉強になっているのです。

もしかして、ふとした調子に「そうそう、あの科目にはこういった章タイトルがあった」とか、「ポイントは○○だった」というように、だんだんと思い出すかもしれません。

さらには、テキストや問題集を見たくてうずうずしているあなたがいたかもしれません。思わず、仕事中にもかかわらず、カバンに入れてある問題集やテキストをちらっと見たりしたかもしれません。

そして、気づいたら試験勉強している自分に気づくでしょう。

試験勉強するかしないかの違いは、「毎日、仕事が忙しくて勉強できないんです」というできない言い訳をつぶやくか、試験勉強について思い出そうとするかどうかだけです。

実際、試験に合格する人としない人の違いはこんな行動、習慣のほんのわず

長年勉強している人こそ基本に戻ろう

科目名はともかく、章タイトルを素早く思い出せない人が長年勉強している人のなかにもいます。確かにこれで合格が決まるわけではありませんが、基本を常識化しておくのが何よりも大事です。勉強期間が長くなると基本は馬鹿らしく思えて、ついつい細かい知識に走ってしまいます。しかし、試験に合格するためには基本を落とさないことが必須なのです。

かなことです。

多くの人は「試験勉強」というと、机に向かってまとまった時間を取って問題集を解いたり、テキストを読み込んだりすることだと考えています。

確かに、小学校以来の学校の勉強では、机に向かってまとまった時間を取りますから、「勉強」というとこういうイメージがつきまとい、試験勉強でも同じように考えてしまいがちです。

しかし、これはあくまでも学校の勉強での話です。

こんなイメージはさっさと手放してしまいましょう。**働きながら資格試験の勉強をしている人が、学校の勉強のイメージを引きずっていては致命的です。**

ほんの数秒でも勉強できる、いつでもどこでも勉強できるというイメージに切り替えましょう。

これまで「時間がない」と思っていたのがまるでウソのように、勉強の時間がいくらでもあることに気がつくでしょう。

「時間がなくて……」という言葉の代わりに問題集やテキストを思い出そう

38

勉強が進まない人へ

次にやることが明確なほど実行できる何をするか決めておけ！

「なかなか試験勉強できなくて……」

「試験勉強が始められないんです」

こんなことを思っている人に質問です。

もしあなたが、試験勉強をするとしたら、まず何をするのでしょう？

さて、この質問に即答できたでしょうか？

おそらく、「なかなか試験勉強できなくて」というほとんどの人が、即答できなかったはずです。

「えーと……まずは……」

こんなふうに考え始めたのではないでしょうか？

あなたが「なかなか試験勉強できない・始められない」のは、やる気がないからでも、時間がないからでもありません。単純な理由です。

何をするかが明確になっていないからです。

これは試験勉強にかぎらずよくあることです。

あなたも仕事やプライベートで、始めようと思っているけれど、なかなか始められないことってありませんか？　もしあれば、それについて同じことを考えてみてください。

もしそれを始めるとしたら、まず何をするのでしょう？

すぐには具体的な行動が出てこなかったと思います。もしかして、具体的な行動を考えるのが億劫に感じたかもしれません。ただ、その億劫な気持ちを脇に置いて、まず最初に行う具体的な行動を考えてみてください。

考えてみると、最初に行う行動はとても簡単なもの、すぐできるものだったのではないでしょうか？

それ、いつやりますか？

「えーと」と先延ばししたくなるかもしれませんが、もしあなたがやりたいことへの第一歩であれば、それをしないと始まらないので、ぜひ決めてください。そしてやってください。こうすれば必ず始められます。

このように、**人が「なかなか始められない」と悩んだりすることの大きな原因は、最初に行う行動が明確になっていないからなのです。**

明確にさえすれば、あとはそれを「やるか・やらないか」だけです。

もしそれが大きなものであれば、さらに細かく分けて、これならできるとい

「GTD」を知っていますか？

次にやる行動を明確にしておく。これはデビッド・アレン氏が提唱する「GTD（Getting Things Done)」と呼ばれる仕事術の基本です。GTDではやることの徹底的な洗い出しも行います。これによって迷いなく、そしてすぐに行動に取りかかることができるのです。私の勉強法では、やる対象もやる行動も明確です。いわば「GTD」的勉強法なのです。

う行動に落とし込めばいいだけです。

「そんなに簡単にはいきませんよ」

そう言う人がいるかもしれませんが、「そんなに簡単」なものなのです。

もちろん、ここまで見てきたように、人は悩んでいるわりには最初に行う具体的な行動を明確にすることを避けがちです。そこは突破する必要はありますが、それも今見てきたように「やるか・やらないか」なのです。

試験勉強はめざす状態が決まっているので、やることはとても単純です。

択一式であれ、記述式・論述式であれ、めざす記憶のレベルに違いはありますが、過去問やテキストを開いて読むこと、そして思い出すことです。

もしあなたが「なかなか試験勉強が始められない」なんて悩んでいたら、具体的な行動をこれでもかというぐらい、明確にして、しかもすぐできる行動にまで落とし込んでみましょう。そうなれば、もうやるしかない、そしてすぐやれる状態になります。

次に勉強するとき、何をするのか具体的な行動を明確にしておこう

39

先延ばししがちな人へ

合否を分ける見えない違い「思い出す」癖を身につけろ！

試験勉強において、ぜひ癖にしてもらいたい行動があります。

それは「思い出す」こと。

これは、いくら強調しても強調しすぎることはないほど、大事な行動です。

これが意識せずにできるようになると非常に強力です。常に試験勉強している状態になり、まさに「試験勉強温泉」につかっている状態になるからです。

思い出すことは、それ自体がくり返しです。それによって、記憶が定着し理解が進みます。そして、思い出そうとして思い出せないことにも、大きな効果があります。

思い出せないことで、まだ覚えていないこと、わかっていないことが明確になり、何を読めばいいかがわかるからです。

プラスまだ覚えていないこと、わかっていないことへの好奇心が高まり、試験勉強への意欲が出て、どんどん試験勉強をするようになります。

これほど強力な「思い出す」ですが、ほとんどの人が実践していません。

なぜなら、慣れるまでは「辛い」「痛い」からです。

そもそも、「思い出す」というのは、テキストや問題集を読むことに比べると、脳に負荷がかかります。負荷がかかるからこそ強力なのですが、その行動自体はハードルが高いのです。

ただ読んでいるだけのほうが、今読んだところを思い出そうとするよりも楽なんですよね。

なので、ついつい思い出すことは先延ばしされていきます。

人間はほんとに忘れやすく、わかったつもりになりやすいので、思い出そうとすると、覚えていたはずなのに覚えていないこと、わかっていたはずなのにあいまいなことなどが否が応でも浮き彫りになってきます。

これが最初は辛く、痛いのです。

人は痛みを避けたいので、ついついこの行動を避けてしまうのです。

しかし、思い出すことに慣れ、それが癖づいてしまえば、この行動は痛みどころか、喜びになります。

なぜなら、思い出そうとすることで向き合うのはまさに自分のありのままの姿です。真実の姿と向き合うことで、試験勉強は本当に地に足がついたものになり、確実に進んでいきます。

私も「思い出す」ことが辛かった

私も最初は「思い出す」ことが嫌でたまりませんでした。「思い出す」ことを最初にやり始めたのは、高校３年生のときでした。自転車通学の時間を利用して世界史の教科書の内容を思い出そうとしたのですが、覚えていたつもりのことが思い出せず、大きなショックを受けたことを今でも覚えています。それがきっかけで教科書をくり返し読み始めたのです。

最初は辛いかもしれませんが、習慣となるまで取り組んでいきましょう。

コツは思い出す量を最初は減らすこと、そしてほんの少しでも思い出せればOKと、自分に伝えることです。

さらに言えば、思い出さざるをえない環境に身を置くこと。そのためには、テキストを置いて、散歩に出るのです。ぜひすぐにやってみてください。

多くの人が、試験本番になって、覚えていたつもり、わかっていたつもりの現実に直面してしまいます。それが、試験本番のはるか前からわかるわけですから、試験合格のためには大きなプラスとなるのです。

このことがわかると、思い出すことの辛さ・痛みはなくなり、かえって、「今気づいてよかった」という喜びに変わります。こうなれば、しめたものです。

思い出すことが喜びになり、勝手にあなたは思い出そうとします。そして習慣となり、癖になっていくのです。

テキストを置いて、散歩に出る
そして、内容を思い出す

40

思い出すのが苦手な人へ

「わかりたい」という思いが原動力「わからない」を問いに変えろ！

問題集やテキストを思い出そうとして思い出せなかったとき、すぐにそれを確認できなくても大丈夫です。

「これって、何だったっけ？」とか「なぜこうなるのだったのだろう？」と、考えること自体が大きな勉強になります。

思い出せなかったり、うまく説明できなかったりすることの気持ち悪さが、「わかりたい」という思いを強め、問題集やテキストへの好奇心（思い）を高めてくれるからです。

恋愛でも、なかなか会えない、連絡がとれないほど、相手への思いが強まることがありますよね（今は携帯電話が普及してそんなことはないかも……）。

そして、ようやく問題集やテキストと「再会」したときに、とても高い集中力と意欲で向き合うことができて、「ああ、そうだったのか」「こういうことなのね」と強く、深く印象づけられるわけです。

たとえば、英単語などもそうです。英文を読んでいると、わからない単語がいくつか出てくるでしょう。普通であれば、そういった単語はその都度、辞書を引くことが求められるかもしれません。しかし、そこですぐに辞書を引かないほうが、実は覚えられる可能性が高くなります。

その理由は二つあります。ひとつは、わからない単語をひとつひとつ辞書で引いて調べると時間がかかります。その結果、なかなか前に進めず、文脈や全体像が把握しにくくなり、かえって読みにくくなる危険性があります。

もうひとつはすぐに辞書を引いても、「この意味何だろう?」という思いがそんなに強くないので、せっかく意味を調べても印象に残りにくいことです。

ましてや、わからない英単語を片っ端から引いていると、多数のなかのひとつになって埋もれてしまうので、印象は薄くなってしまいます。

このように、**わからない・覚えていないことをすぐに調べるのではなく、「何だろう?」という問いをくり返し抱え続けることがとても効果的なのです。**

ただ、ここで気をつけてもらいたいのは、「わからなくてもいいや」という状態ではないということです。あくまで、「何だろう?」という問いを持ち、しかも、その問い自体は常に思い出して、くり返していくことが大事です。

そうするなかで、「何がわからないのか」「何を覚えていないのか」が明確になり、つまり、そのことについては「わかる」状態になるのです。

あえて「じらす」

何年か前、私の勉強法の講座参加者からこう言われました。「この勉強法の読み方はじらす読み方ですね」。それまで自分自身はそんなふうに思ってもみませんでしたが、目次といった大枠からだんだんと細かいところに入っていく流れは、まさにそうですね。こうやって「じらす」ことで、「さらに読みたい!」という思いを生み出しているのです。

問いが明確で具体的であればあるほど、答えは見つかりやすくなります。そして、答えの納得感も高まります。納得感が高いことは理解に結びつき、記憶としても定着しやすくなります。

このように、**問題集やテキストに書かれていることではなく、まずはそれに関する問いをくり返せばいいと思えば気が楽になりませんか？**

「思い出す」ことの辛さも減って、思い出すことがどんどんできるようになるでしょう。

そして、そうなれば、わからないところ・覚えていないところと向き合う頻度も増える代わりに、そこがどこなのかが強烈にわかるようになり、結果として、問題集やテキストを読むときの集中力、勉強の密度が高まっていくのです。

要は、問題集やテキストの内容であれ、形であれ、そしてそれに関する問いであれ、常にいつでもどこでも思い出し、くり返していくことが大切です。

その圧倒的な時間がライバルに差をつけ、試験合格を引き寄せるのです。

「○○がわからない」を「○○って何だろう？」という問いにする

41

几帳面な人へ

テキストはノートだ
ノートは作らず
テキストに書き込め！

ここまで問題集やテキストをどうやって読むかばかりで、ノートの取り方なんていうことが出てこなかったので、ノートはどうするんだろう？と思った人がいるかもしれません。

実は、ノート自体を使うことをお勧めしていません。

その理由は二度手間になるから、です。

試験勉強のノートでよくあるのが、テキストや問題集などを自分なりにまとめる「サブノート」ですが、すでに書いてあるものをまた書くわけですから二度手間ですよね。

それよりも、テキストや問題集をノートだと思って、すでに書いてあるものを活用して自分なりに加工してしまえばいいのです。

もし不足している情報があれば、問題集やテキストに直接書き込めばいいですし、大事なところはペンで囲んだり、余白に大きな文字で書き直したりすればいいのです。

サブノートにきれいに書き写す時間の分を、テキスト・問題集を読む、思い出す時間に当てることで、格段に勉強効率は上がります。

もともと、ノートを取ることは、学校の授業で先生が黒板に書いたものを書き写す必要があることから身についてきたものでしょう。また、試験の予備校などに通ったり、動画講座を受講している人は、板書ノートを取る必要を感じているかもしれません。

しかし、その場合もテキストや問題集をノートだととらえ、そこに書き込んでいくことです。もし書ききれないものは、別途ノートを取るにしても、それを問題集やテキストに挟んだり、書き込んだりしていきましょう。

以前、『東大合格生のノートはかならず美しい』（太田あや、文藝春秋）という本がベストセラーになりました。そこでは、非常にきれいに整理されたノートの実例が載っていました。

あんなにきれいなノートは、授業を聞いたそばから理解できないとなかなか書けません。ああいったノートを自然と取れない人が、きれいに整理されたノートにとらわれると、間違いなく「わかろう」としてじっくり読んだり、止まることにつながります。

そして、たとえきれいなノートが書けたとしても、それを読み直す時間がな

私はほとんどノートを取れませんでした……

私も東大合格生の端くれですが、高校生のとき、きれいなノートを取れた試しはありませんでした。きれいどころか、ほとんどノートを取れなかったのを覚えています。それは東大に入ってからも同じでした。きれいなノートを取れる人は、それだけ聞いたそばから整理できているわけですばらしいですが、最初から整理できなくても試験には合格できます。

くなり、頭にはほとんど内容が残っていないという結果になりかねません。

さて、そもそもあなたが試験勉強する目的は何でしょうか？

きれいなノートを取ったり、作ったりすることではないですよね。

言うまでもなく、試験合格であり、そのためにあなたが目標とすべきは、択一式であれば過去問で問われている知識を見て「そんなの常識でしょ」とすぐに反応できるレベルにまで「常識化」することであり、記述式・論述式であればテキストが手元になくても、その内容を思い出し、書き出せることです。

そのために、きれいなノートにまとめることはあまり役に立ちません。ノートにまとめる作業は、かなりの時間を使うからです。

記憶、理解に結びつけるために必要なのは、「くり返し」です。

ノートを作ることでそのくり返しの回数が減ることは確実です。きれいなノートを作ることにかけている時間は、すべて、読む、思い出すことによって、くり返すための時間に振り向けることが必要なのです。

サブノート作りは、今すぐやめよう

42

形にこだわる人へ

本当の勉強時間は少ない
勉強した気になる
段取り時間を減らせ！

「私は1日2時間勉強しています」

「私は朝30分、夜30分勉強しています」

　こんなふうに、１日のなかでまとまった時間に勉強している人がいます。こうやって勉強を日々の習慣にしていることは、すばらしいですね。

　ただ、このような「1日○時間、□□分」といった勉強時間は、よくよく見ていくと、実質的にはそこまで勉強していないことがあります。

　なぜなら、**実際の勉強に取りかかるまでに、あれこれ準備の時間を取られていることが多いからです。**

　ぜひ、あなたが「勉強時間」だと思っている時間に、実際には何をやっているかを観察して記録してみてください。すると、本当に勉強している時間、具体的にはテキストや問題集を読んだり、そのことを思い出し、考えたりしている時間が結構少ないことに気づくでしょう。

「今日は何を勉強しようか?」と考え、たくさんあるテキストや問題集を引っ張りだして、考えている時間があるかもしれません。これなどは勉強時間だと思うかもしれませんが、「段取り時間」として、実際の勉強には役立っていいない時間です。

「でも、勉強を開始するためには、準備する時間が必要でしょう?」と言う人がいるかもしれません。確かに必要とはいえますが、できるだけこういった時間は最少にしていくことが大事です。

製造業の現場では、生産性向上のためのさまざまな努力が行われています。そのうちの代表的な取り組みのひとつが、こういった「段取り時間」をいかに減らすかということです。段取り時間は、実際には価値を生み出していないからです。

あなたの勉強時間を見直して、実質的な勉強には結びついていない作業、時間を洗い出してみましょう。

たとえば……、机の上を片付ける時間、ボールペン、ペンなどを揃える、探しだす時間、今日勉強する問題集・テキストを選ぶ時間、勉強の合間のネットサーフィンの時間などなど。

洗い出してみると、1時間の勉強なんていっていても、実質的な勉強時間は半分程度になる人もいるかもしれません。

勉強にもトヨタ生産方式を導入せよ!

私が20代のころ、くり返し読み続けていた本が『トヨタ生産方式』(大野耐一著　ダイヤモンド社)です。200ページ足らずの薄い本ですが、トヨタ生産方式の育ての親、大野耐一氏本人が平易にその本質を書き出しています。それはコンピュータ全盛の今も、そしてモノづくり以外にも応用できる原理原則です。もちろん、勉強にも大きな効果を発揮します。

そして、こうやって段取り時間を見つめ直し、実際の勉強を絞り込んでみると、勉強とはほんと単純であることに気づくでしょう。

勉強とは、問題集やテキストを読んで思い出す。これに尽きるのです。

それにはまとまった時間が必ずしも必要なわけではありません。もちろん、まとまった時間があるのに越したことはありません。いわゆる勉強モードに入って、集中して勉強できるメリットはあるでしょう。

しかし、**それよりも強力なのが、ほんの数秒、数分でもすぐに勉強できる方法です。**ほんの数秒、数分であれば、そんなに気合いを入れなくてもできる気がするでしょう。そして、それを積み上げていけばいいのです。

段取り時間を見直していけば、本当に勉強する時間が増え、しかも、ほんの少しのスキマ時間でも活用できるようになり、勉強する時間をさらに生み出すことができるのです。

あなたの「勉強時間」のうち、勉強していない時間を洗い出す

43

試験勉強を
やりたくない人へ

テキスト・過去問は好きですか？ 接触効果で親しくなれ！

恋愛でも仕事でも、人とうまく付き合っている人を思い浮かべてください。

おそらく、「マメ」な人ではないでしょうか？

マメに電話をする、毎日あいさつする、ちょっと立ち寄って話をする……。

そんなちょっとした接触（コンタクト）の積み重ねが、だんだんと関係を狭め、親しい関係を作っていく（もちろん、嫌な接触では嫌われる一方ですが）。

これは、心理学で「単純接触効果」といわれるものを活用しているのです。

まさにこれは言葉のとおり、**とにかく単純に接触回数が多い人にほど、人は親しみを感じやすいということです。**

もちろん、最初はぎこちないわけですが、それでも接触をくり返していくなかで、だんだんと親しみがわき、関係が深まっていくのです。

この「単純接触効果」を試験勉強で活用しない手はありません。

問題集やテキストとの関係でも活用するのです。

もともと、試験勉強にワクワクする！という人は、ほとんどいません。

仕事に必要だからといった理由で試験勉強に取り組み、問題集やテキストも必要に迫られて読もうとしている人が大半でしょう。

そんな人は、できるだけ問題集やテキストは見たくない、できれば、ほんの少し読むだけで理解・記憶したいという方向に流れます。そして、「たった○○時間で……」なんていう勉強法にだまされたりするわけです。

しかし、問題集やテキストに対してそういう姿勢では、なかなか試験勉強はうまくいきません。やはり、問題集やテキストと親しくなり、できれば、親友、恋人ぐらいになることが必要なのです。

また、逆にいえば、もしあなたが取り組んでいる問題集やテキストが、常に思い出してしまうほど恋焦がれる存在になったら、あなたの試験勉強はどう変わると思いますか？

劇的に試験勉強が変わり、がんばらなくても合格できると思いませんか？

そして、そうなるために「単純接触効果」を使えばいいのです。

最初はなじみもなく、見慣れない言葉ばかりでとっつきにくいでしょう。

しかし、そうであっても、とりあえず朝のあいさつだけはするように、表紙や目次を眺めたり、何ページかパラパラめくることから始めればいいのです。

もし、最初見るのもきついという人は手でなでるだけでも構いません。

「接触する」と「好きになる」の相乗効果

上で紹介した「単純接触効果」は接触する回数が多いほど親しみを感じ、好きになっていくというものですが、一方、好きになると接触回数が増えると思いませんか？　好きな人のことはついつい思い浮かべるでしょう。つまり、「接触するから好きになる」「好きになるからより接触する」というように相乗効果となって、どんどん好きになっていくのです。

とりあえず、表紙やページをめくる感触を味わうぐらいで構いません。

目を背けた状態から、問題集やテキストと向き合い、少しずつでも接触を重ねていけばいいのです。

最初はそんな状態でも、単純接触効果は働きますから、だんだんと問題集やテキストに親しみを感じたりしてきます。**あいさつをする気持ちで問題集やテキストと向き合っていけば、だんだんと親しくなってきます。**

そして、問題集やテキストは人と違って、あなたが持ち運ぶことができますから、常に持ち歩くことで、単純接触効果は加速していきます。

分厚くて持ち運びづらいのであれば、さっさとバラして持ち運びしやすくしてしまいましょう。

単純接触効果を日々活用するかしないかで、試験本番当日でのあなたと問題集・テキストとの関係は大きく違ってくるのです。

今日から毎日、問題集やテキストとあいさつする

column6

脳内テキストを作る＝テキストまるごと記憶法

「うーん。あそこには何て書いてあったか……。確か……」

試験本番当日、答案用紙に書こうとしても言葉が出てこなくて、必死に思い出そうとした経験はありませんか？

試験本番でどうやって思い出しますか？

そんなとき、どんなふうに思い出そうとしたでしょう？

ただひたすら、頭のなかを検索していたのではなく、おそらく、勉強したテキストや参考書を思い浮かべていたのではないでしょうか。そして、ときにはテキストのページを思い浮かべるなかで、「あぁ、あれだった！」と思い出せたこともあるでしょう。

私が提唱する「テキストまるごと記憶法」は、この試験本番で行うことを毎日の試験勉強で行い、試験本番にはスラスラと思い出せるようにしようという方法です。

通常はテキストに書かれている知識を取り出して、頭のなかのデータベースに収納するという発想ですが、テキストまるごと記憶法は、その言葉どおりに、テキストをまるごとそのまま記憶してしまおうという発想です。

いわば、「脳内テキスト」を作るのです。

本の「形」を活用して記憶する

このため、これまでのテキストの勉強とはやり方がかなり異なります。本の内容というより、まずは本の「形」に注目し、そこから理解・記憶していきます。

活用する本の形とは、「ページ」単位に区切られた形です。まさか今どき、巻物の形のテキストを持っている人はいないでしょう。

この「ページ」に着目すれば、記憶がとてもやりやすくなります。

たとえば、ある項目が右ページにあったか、左ページだったか。どれぐらいのページ数があったか。ある見出しがページの上・中・下のどのあたりにあったか。ある表がどれぐらいの大きさや位置だったか。

こういった情報は、テキストをパラパラと眺めるだけでも少しは記憶に残るでしょう。

「こんなことを覚えても試験には何の役にも立たないでしょう?」と思われるかもしれません

が、こういった情報を使ってテキストの内容を思い出そうとすることで、内容も思い出しやすくなり、くり返しの回数が増えることで、理解も記憶も飛躍的に進むのです。

この具体例を巻頭カラーページ、および244ページでご案内しているプレゼント動画で解説していますので、そちらもご覧ください。

テキストまるごと記憶法の二つの柱

この「ページ」が、テキストまるごと記憶法の二つの柱のひとつです。

そしてもうひとつが、すでに紹介した目次イメージ記憶法によって記憶された「目次」、つまり章タイトルや見出しです。これが、本の「形」と「内容」をつなぐ架け橋となってくれます。

この「目次」と「ページ」の二つに着目し、読んで、思い出すことで、毎日がコラム冒頭で書いたような「試験本番で思い出せる」状態となり、試験本番当日でも、ラクラクと思い出せるようになるのです。

第7章 「今のままで合格するか不安」に勝つ

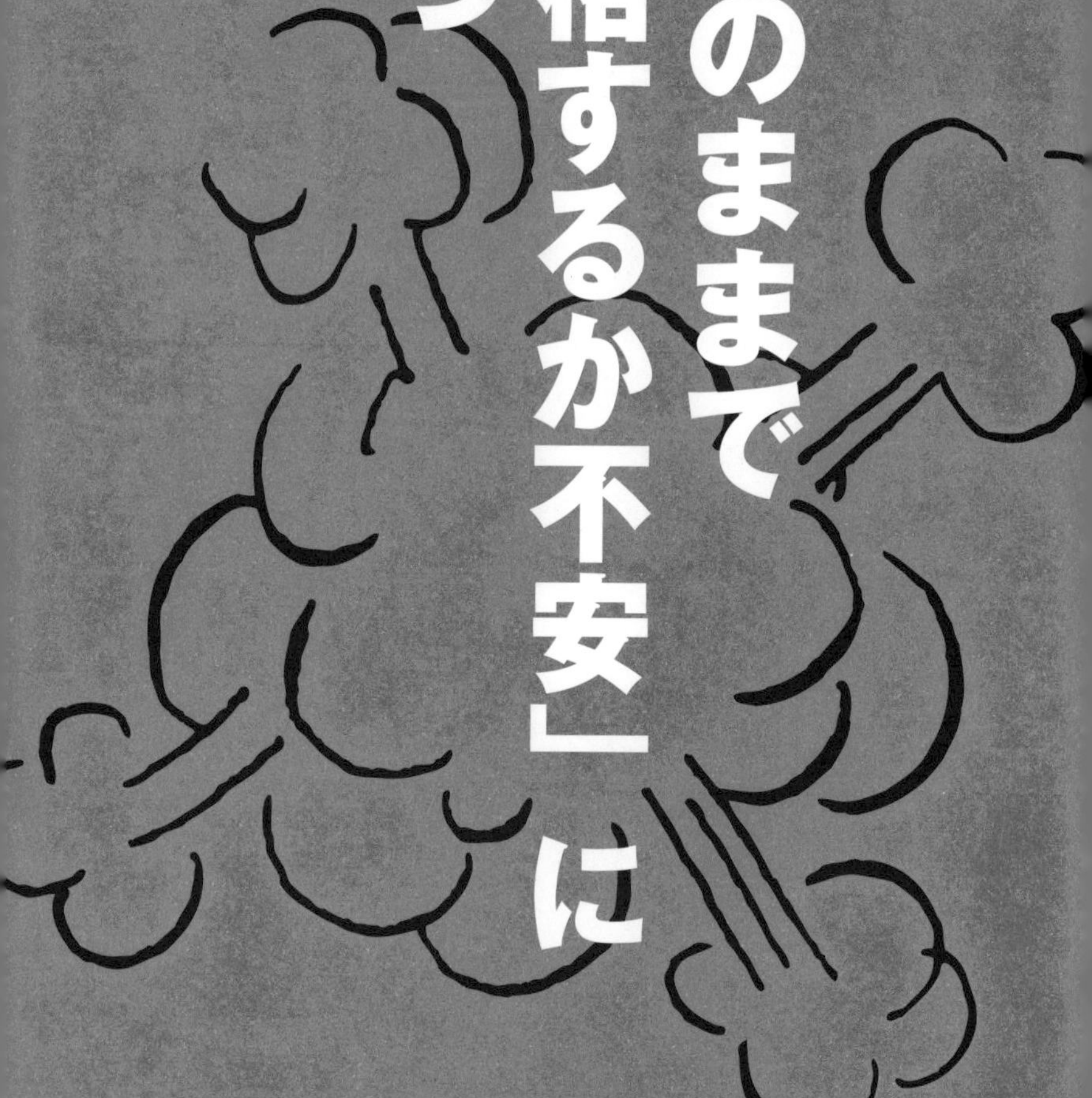

44

よく悩む人へ

試験は過去問に始まり
過去問に終わる
何はともあれ
過去問を見ろ！

「今のままで試験に合格するだろうか？」

こんな質問を自分に投げかけても、答えは出ません。

試験結果を完全にあなたがコントロールすることはできないからです。

あなたができるのは、試験本番当日にあなたがめざす状態にたどりつくよう準備することだけです。

そして、めざす状態が何かを知るために欠かせないのが「過去問」です。

過去問の重要性については、ほとんどの受験生が知っているとは思いますが、その使い方については多くの人が間違っています。

多くの人が、ある程度勉強してから、自分の実力がどの程度かを計る手段として過去問を使います。そして、もちろん、解こうとするわけです。

しかし、これでは過去問の本当の価値を発揮することはできません。

過去問は勉強してから取り組むものではなく、勉強する最初の最初に取り組むものなのです。

あなたが試験本番当日にどんな状態になるのをめざすのか？　そのための最高の材料が過去問だからです。

過去問は「読む」ものか？　「解く」ものか？

私は過去問を「解く」よりも「読む」ことを勧めています。わからなければさっさと解答解説を見てしまうのです。これに対して、「過去問を読んで解けるようになっても、それでは試験本番で解く力は養われない。試験本番と同じように解くことが大事だ」という意見もあります。確かにうんうんと唸りながら解くことで養われる力もあるでしょう。

次頁へ続く

もしあなたが「今のままで試験に合格できるだろうか？」なんていう漠然として、浮わついた質問をしているのは、おそらく過去問をまだ見ていないか、見たとしてもほとんど身になっていないことを表しています。

自分の試験勉強に不安を感じたときに戻るところは、「過去問」しかありません。

もしあなたがまだ過去問を見てもいなければ、何を置いても過去問を眺め始めましょう。また、過去問の記憶が薄れている人は、過去問の回転が足りていないのは明らかなので、過去問の回転を再開したり、回転頻度を増やしましょう。

択一式試験であれば多くの試験で、過去問が勉強の中心となります。

記述式・論述式ではテキストが勉強の中心にはなりますが、それでも過去問の回転は必須です。

試験勉強は過去問に始まり、過去問に終わるのです。

「過去問だけでは十分ではないでしょう？」なんて言う人がいます。

もちろん、過去問だけで100点を取れるわけもありませんし、記述式・論

ただ何度もお伝えしているように、脳の学習原理は「くり返し」です。この「くり返し」を犠牲にしてまで「解く」ことにこだわって時間をかける必要はありません。そして心配しなくても、解答解説を読んだからといってすぐに解けるようにはなりません。何回も読むなかでだんだんと解けるようになってくるのです。「読む」ことは「解く」ことになるのです。

述式では、直近の過去問以外の分野の問題が出る可能性が高いです。

しかし、何はともあれ過去問が中心になるのです。なぜなら、どんなレベルの知識が、どのような形で問われるかという情報は過去問にしかありません。

そして択一式であれば、その知識内容自体も過去問をしっかりと潰すことで、合格点以上を取れる可能性が高くなるのです。

余裕があれば、過去問以外の問題集やテキストに手を伸ばすことはもちろんプラスですが、**過去問も十分に潰せていないのに、ほかの問題集、テキストに範囲を広げるのは危険です。**

そしてすでに解説したように、過去問は「解く」のではなく、「読む」ものです。過去問の問題と解答解説を「読む」ものとしてとらえることで、過去問に特化した、過去問を徹底分析した「テキスト」に早変わりします。

過去問をしっかり押さえることにより、余計な本、講座に範囲を広げることなく、勉強の質を高めることが可能になるのです。

今すぐ過去問を手に入れ、読む迷ったら、過去問に戻る

45

先延ばししがちな人へ

何がわかって何をわかっていないか毎日自分と向き合え!

あなたは自分が試験本番でめざすべき状態に対して、今どれぐらい近づいているのかわかっていますか？

「テキストは半分ぐらい終わっていますが……」なんていう答えではダメです。テキストを半分読み進めているからといって、その部分をすべてわかったり、覚えたりしているわけではありませんよね。

読んだ部分のうち、どこがわかるところで、どこがまだわかっていないところか把握していますか？

また、どこを覚えていて、どこを覚えていないかわかっていますか？それがわかっていなければ、自分自身の現状を把握しているとはいえません。

「現状を把握するために、問題集を解いたり、模擬試験を受験するのではないんですか？」と思っている人が多いでしょう。

しかし、それはいつ行うのでしょう？

たいていは、試験直前期に入ってからでしょうし、問題集や模擬試験を解いて把握できるのはほんの一部ですよね。そして、たとえ問題を解いても、ただ「できた・できなかった」とか点数を見ているだけでは、具体的に自分がどの

「わかる」ことは、より「わかる」ための大きな障害

「わかる」ための障害が「わかる」ことと聞くと「え？」と思われるかもしれませんが、これは本当です。「わかった」と思うと「わかろう」としなくなるからです。それが浅い理解、間違った理解だったとしても、それを疑うこともなく、その「わかったつもり」から抜け出せないのです。教育心理学者の西林克彦さんは次のように述べています。

次頁へ続く

部分をわかっているのか、わかっていないのか、覚えているのか、覚えていないのかを把握することはできません。

多くの人が、日々の試験勉強をしながら、それがどの程度、自分が試験本番で発揮できる力として身についているか身についていないかをあいまいにしたまま、勉強を進めています。本当に自分自身の現状はどうなっているのか、そこと向き合うことを避けて、試験本番まで先送りしているのです。

もしそうではなく、**毎日自分自身の現状と具体的に向き合いながら試験勉強ができたらどうなるでしょう？**

実は、これはかなり精神的には（最初）きつい状態です。本を読んでわかると思って読み進められる部分でも、いざ自分が説明しようとしてできなかったり、すぐに答えられるまでは身についていないからです。

また、覚えたと思っても、人は覚えたそばから忘れていきます。最初は、「さっき覚えていると思ったのに……」と、がっくりくることもあるでしょう。

しかし、これが現実であり、そこときっかりと向き合うことにより、めざす状態と現状の差が具体的にはっきりと見えてきます。そして、課題が具体的に

「しかし、「わかった」状態は、ひとつの安定状態です。ある意味、「わからない部分が見つからない」という状態だといってもいいかも知れません。（中略）浅いわかり方から抜け出すことが困難なのは、その状態が「わからない」からではなくて、「わかった」状態だからなのです」（『わかったつもり——読解力がつかない本当の原因』　光文社新書）

なり、勉強の焦点が定まってくるのです。

また、日々の試験勉強のなかで、わかるところ、覚えているところが増えていくことが実感できますから、試験勉強へのやる気も高まってきます。

そして、漠然とした「このままでいいんだろうか」「何を勉強すればいいのだろうか」といった悩みに陥ることなく、これまで悩んでいた時間をすべて試験勉強に当てることができて、試験勉強の効率が上がっていくのです。

この「毎日試験をしている状態」は、「わかろう」としないで速く読み、それをくり返すことで自然と作り出すことができます。

速く読むため、わかったつもりになる余裕はなく、同じところを何度もくり返すので、自分がわかっているかどうか、と向き合わざるをえないからです。

自分の現実と向き合うことは、きついですが、勉強の質は確実に濃くなります。そして、だんだんと、きつさにも慣れていきます。

見せかけのがんばりでごまかさず、本当の現実、きつさと向き合いましょう。

毎日、試験をするように勉強しわかっていないことと向き合う

46

先延ばししがちな人へ

わかった「つもり」をなくせ 勇気を持って口に出せ 紙に書け！

「わかろうとしない」「覚えようとしない」で読むといっても、何がわかっていて何がわかっていないのか、何を覚えていて何を覚えていないのかについては、徹底的に向き合うことは必須です。

具体的には、これまで勉強したことについて、思い出そうとしてみること、口に出してみることです。もし、机に向かっているのであれば、紙に書き出してみてもいいでしょう。

とにかく、自分の言葉で頭のなかにあることを吐き出してみるのです。そうすると、すぐにあなたがわかっていること、覚えていることが否が応でも明確になります。

がんばって、「わかることは何か?」とか「覚えていることは何か?」と考えることではなくても、そうやってアウトプットするだけで明らかになります。

そうすると、あなたのわかった「つもり」、覚えた「つもり」が、悲しいことではありますが、明らかになります。

最初これは辛いですが、試験本番でこのことに気づくよりも、いいですよね。

おそらく、あなたも「つもり」なんだろうなぁ、と薄々わかっていたかもしれませんが、それと向き合うことを避けていたのでしょう。

これに向き合うかどうかが、試験勉強、そして、試験合格の大きな分かれ目になります。

「本当にわかっているのだろうか？」

「覚えているのだろうか？」

そんな不安が出てきたとき、ついついそこから逃げ出して避けようとしがちですが、そんなときこそ勇気を持って、思い出そうとしてみる、語ってみる、書いてみることです。

それによって、あなたの真実の姿が明らかになります。

そして、わかった「つもり」や覚えていた「つもり」が明らかになることは歓迎すべきこと、喜ぶべきことです。

勉強は、そこからしか始まりません。わかっていない、覚えていないとしっかりとわかることで、次に進めるのです。

わかっていない、覚えていないとわかったらどうすればいいのか？

もちろん、それはまた読むことしかありません。

不安は目をそらせばそらすほど大きくなる

試験勉強における不安だけでなく、先延ばししている仕事など、何かで気になっていることは目をそらせばそらすほど大きな存在になります。これに対処する方法はただひとつ、あえて向き合ってみることです。最初は怖いかもしれませんが、おそるおそるでも見てみるのです。ほとんどの場合、思っていたよりも小さな存在であることに気づくでしょう。

そして、くり返し読み、思い出し、口に出していけば、確実に少しずつでも前に進んでいくのです。

ついつい、「つもり」状態のまま進んでしまおうとしますが、それはあとで大きなツケとなって返ってきます。

そして、「つもり」状態だなぁとどこかで自分でもわかり、そこが気になっていると、そちらにムダなエネルギーが使われてしまいます。また、きちんと向き合って、わからないことが明確になり「○○って何だろう?」という明確な問いになっていれば、それが気になって問い続けることは有効です。

しかし、**「つもり」状態のあいまいな形では、問い自体が明確にならず、問いも持っていない状態では答えが得られないのです。**

もしあなたが、なんとなくあいまいで不安、何がわからないか・覚えていないかもわかっていない状態であれば、勇気を持って口に出したり、紙に書き出したりしてみましょう。その一歩が試験勉強を大きく改善させます。

今、３分間、気になっていることをひたすら口に出す・書き出す

47

ラクしたがる人へ

勉強に魔法はない 一歩ずつでも焦らず 前へ進め！

最初は意欲高く試験勉強をし始めても、やり進めるうちに、やるべきことが見えてきて圧倒されそうになることもあります。試験勉強が巨大な岩の塊、怪物のように感じられてしまうのです。

そうなると、逃げ出してしまう人もなかにはいます。そして、この巨大な岩・怪物を一挙にやっつけられるような、魔法、武器を求める人もいます。

そんな人を待ち構えるかのように、世のなかにはまるで「魔法」のような勉強法や速読法、記憶法などがあふれています。そういった「魔法」がまったく役立たないとはいいませんが、そこに過度の期待を抱くと痛い目にあいます。

どんな魔法を使おうとも、脳の基本原理からは逃れられないからです。

脳の基本原理とは、大雑把に、そしてくり返すなかで記憶・理解していくということです。「潜在意識」「右脳」なんていう言葉で、脳の基本原理をすっ飛ばせるような幻想を与える「魔法」のような勉強法もありますが、あくまでそれは幻想です。

そういった勉強法で試験に合格したという人の話をよく吟味してみれば、結局はくり返し問題集やテキストを行ったことがわかるでしょう。なかには「ほんの数日で」なんていう体験談があるかもしれませんが、それはそれ以前に関連知識のストックを蓄えていたからです。

また、ほんの少しの分量であれば、「魔法」は使えるかもしれません。たとえば、100ぐらいの単語を10分程度で記憶してしまうことはイメージ記憶法を使えば可能ですが、だからといって、試験勉強にはそのまま使えません。なぜなら、試験勉強で取り組む情報量は桁違い、それも何桁も違うからです。

状況に圧倒されると、ついつい一発逆転とか、一か八かにかけたくなるのが人情ですが、そんなときこそ、状況と正面から向き合うことです。そして、**わかるところ・できるところから取り組んでいけば、確実に前に進みますし、思ったほど巨大な岩・怪物ではないこともわかってきます。**

確かに司法試験や司法書士試験など、まさに膨大な情報量に取り組むものもありますが、それにしても、取り組むべき範囲はすでにわかっているわけです。必要最低限に絞れば、取り組むべき問題集・テキストをすべて合わせても、両手で抱えられるぐらいのものでしょう。

時間はかかっても、きちんと取り組んでいけば、確実に潰せる対象なのです。

巷にあふれる「魔法」の勉強法には要注意！

インターネットで検索するとさまざまな勉強法の教材がヒットします。魔法のような効果をうたった宣伝文句やズラリと並んだ体験談を読むと、思わず申込みボタンをクリックしてしまいそうになりますが……。数万円の教材を買う前に、まずはその作者の本が出ていれば、チェックしてみましょう。冷静に教材の評価判断ができること間違いなしです。

ノーベル賞を取るような研究のように、出口があるか、答えがあるかどうかわからないものではないのです。

まずは、試験科目名だけでも確認して覚えましょう。

そして、各科目の章タイトルだけでも覚えてしまいましょう。「目次イメージ記憶法」（174ページからのコラム参照）を使えば、司法試験といえども章タイトルだけであれば、1週間もあれば覚えられます。ほかの試験であれば、数日あれば十分でしょう。

「科目名、章タイトルだけ覚えても……」と思われるかもしれませんが、こういった着実な一歩を進み続けることが大事なのです。

ほかのだれかではなく、昨日の自分と比べ、成長している自分を実感しましょう。

圧倒されそうになったときほど、腹を据えて向き合うべきときです。そして、一歩ずつ進めていけば、確実に試験勉強は制覇できるのです。

ほかの人ではなく、昨日の自分と比べる
着実に一歩を踏み出し続ける

48

勉強法好きの人へ

100%確実な方法論はない
「勉強法」より
「勉強する」こと!

私は20代から、速読法、記憶法といった方法をはじめ、各種勉強法を学んで、どうすれば効率的・効果的に勉強できるかを研究してきました。

いわゆる「勉強法オタク」です。

試験勉強をしていても、「もっと効率的な勉強法はないのだろうか?」と気になって、勉強するより、勉強法本を読みあさって、なかなか勉強できない時期がありました。

私の勉強法にしても、とてもシンプルな方法ではありますが、本の読者から、「これで正しいでしょうか?」「やり方は間違っていないのでしょうか?」とブログにコメントが寄せられたり、メールでよく質問が届きます。

なかには、いくら答えても疑問が尽きず、質問ばかりする人もいます。

正しい勉強法、ムダのない勉強法を求めているわけですが、皮肉なことに、そのことが正しい勉強法、ムダのない勉強法にたどりつくことを邪魔しています。

なぜなら、そうやって質問している限りは、実践していないからです。

実践しなければ、結局は正しいやり方にたどりつきません。

そして、試験に合格するためには、勉強法をいくら勉強しても合格しません。勉強法の目的は、効率的に効果的に勉強することでしょう。いくら勉強法を極めても勉強しなければ、それでは宝の持ちぐされなのです。

そして、「勉強法オタク」の私がたどりついた勉強法に関する結論。

正しい勉強法は、たくさん勉強することを可能にする勉強法であるということ。

もちろん、速く読む方法、印象強く記憶する方法などはありますが、もっとも大事なのはたくさん勉強することです。

たくさん勉強することで、勉強に対する経験値も高まり、勉強法も自然と磨かれてきます。

この本でお伝えしているのは、「少なくラクに」勉強する方法ではなく、「ラクにたくさん」勉強する方法です。止まらない勉強法であり、悩まない勉強法であり、ほんのちょっとの時間でも勉強を可能にする方法です。

試験勉強は正直なゲームです。

やればやった分だけ、試験合格に近づいていきます。

「ラクをしたい」私がたどりついた勉強法

私は速読法をはじめさまざまなノウハウを求めて渡り歩きましたが、それはとにかく「ラクをしたい」という思いが強かったからです。そして、ついつい甘い宣伝文句に引っかかってしまったのです。「もっとラクな方法があるのでは？」と数々の方法を試した挙句、最後にたどりついた方法がとにかく「ラクに」「くり返し」を行う勉強法だったのです。

あなたが今持っている不安は、何か魔法のような勉強法を探し求めることでは本質的に解消されません。

そうではなく、勉強することで解消されるのです。

試験直前になると不安が出てきて、ついついインターネットでさまざまな情報を探し始めます。書店に寄って、試験勉強法に関する新刊を手に取ったり、ついつい直前予想問題集や、新しいテキストに目がいってしまいます。

そんなあなたを待ち構えるかのように、あなたの心を惹きつける魅力的なキャッチコピーが大きく躍っています。

しかし、**試験直前になればなるほど、新たなものに手を出すのは避けるべきです。それは範囲を広げ、せっかくやってきた知識の質を低下させるからです。**

新たなものを増やすより、逆にこれまでやってきたもので常識化したもの、そして不要だとわかったものを捨てることのほうが試験に合格する可能性を高めます。

“試験勉強法サーフィン”は即刻やめましょう

49

焦っている人へ

成果は急に現れる 積み上げた知識が つながるまで待て！

試験勉強だけでなく、ほかの勉強でもそうなのですが、何かを上達する過程では、努力やかけた時間に正比例して成果が現れるわけではありません。

やってもやってても実力が伸びないように感じるときもあれば、いきなり視界が開けたように一気に理解が進むときもあります。

これはなぜかと言うと、**知識は、知識同士が結びつくことで新たな知識になっていくからです。**つまり、同じ量の知識を学習したとしても、その知識同士がつながったり、すでに持っている知識とつながったりして、新たな知識を生み出すかどうかで、学習の成果は大きく変わるのです。

ある知識が入った瞬間、「あぁ、そういうことなんだ」とこれまでの知識が一気につながり、理解できた経験はないでしょうか？

うまいお酒ができるのに発酵期間が必要なように、学習してからある期間が経つことで初めて知識がこなれて、つながり始めたりすることもあります。

なかなか知識同士がつながらず、理解の進みが遅いときは、停滞感を感じたり、イライラを感じるかもしれませんが、そこで止まってしまってはもったいない結果になります。

そこでも止まらず、学び続けることで、いつか、一気に視界が開ける瞬間が出てくるのです。

そして、知識が増えれば増えるほど、つながる可能性は高くなってきます。それだけ、つながる要素が増えてくるからです。このため、成果は学習の後半、終盤に入れば入るほど、伸びやすくなります。

いったん知識がつながり始め、その波に乗っていけば、理解が一気に進むことでさらに勉強が進み、それがさらなる知識同士のつながりを生んで、理解を進めてくれます。

逆に、最初や途中の試験勉強の際になかなか伸びないときに焦ってくると、せっかく積み上げた知識がムダになります。

これまで積み上げてきた知識を信じ、そしてそれらが化学反応を起こすかのように、バババッとつながる瞬間を待ちましょう。

また、知識が蓄積されるほど、それが新たな知識を学習する際のサポートになります。何かの知識を理解するのは、すでに持っている知識に照らし合わせることで行おうとします。

「人生は旅」「試験勉強はマラソン」

上で紹介したように人は何か似ているものと比べて理解したり表現したりしますが、「人生は旅だ」というように人生を旅にたとえるメタファー（隠喩）もそのひとつです。そのほか、自分の実際の体験や状況に当てはめて、抽象的な知識を具体的にすることで理解もします。たとえば、問題文に出てくる人物を実際に自分を取り巻く人に置き換えるのです。

典型的なものが「類推」、アナロジーによる理解です。

「◎◎は、○○でいえば、□□のことだよ」と、すでに知っている知識である「○○」と「□□」に照らし合わせて、新たな知識である「◎◎」を理解しようとするのです。

わかりやすくいえば、野球を知っている人はソフトボールが理解しやすいですよね。このように、知識を蓄えれば蓄えるほど、新たな知識を学習するサポートとなる武器が増えることにつながりますから、学習する知識にもよりますが、勉強すればするほど楽になっていくのです。

法律系科目でいえば、民法を学んだあとは法律的な考え方に慣れていますから、刑法やほかの科目なども理解しやすくなります。

なので、試験勉強の努力と成果は正比例でないことを理解し、すぐに結果が出てこなくても地道に試験勉強を進めていきましょう。

新しい知識はすでに持っている知識と関連づけよう

50

試験本番が迫っている人へ

本番に近い時間ほど価値が高い 最後の最後まで走り続けろ！

試験本番が近づくと、不安や焦りが高まって、試験勉強に手がつかなくなる人も多くなります。一方で、試験本番に向けて集中力が高まって、試験勉強がさらに進む人もいます。

この試験直前期をどちらで過ごすかが合格に大きく直結します。

なぜなら、試験本番に近づくほど、時間あたりの価値は高くなるからです。

試験勉強は「記憶のゲーム」であり、記憶は忘却との戦いです。

長期記憶になれば忘れにくくなるとはいえ、時間が経つにつれ、記憶が薄まっていきます。だからこそ、くり返しが重要なわけですが、試験直前に勉強したことであれば、試験本番で忘れている危険性はだんだんと減ってきます。

このため、試験本番に近づくほど、時間あたりの価値は高くなるのです。

特に短期で合格をめざす人にとっては、全体期間が短い分、試験直前の時間の価値はさらに重要になってきます。

すでに説明したように、勉強とその成果は正比例の関係にはなく、ある一定量を超えて一気に伸びる性質があります。

また、常識化したところはどんどんペンで消したり、ホチキス留めしたりして、範囲をどんどん狭め、くり返す回数、すなわち回転数を上げていきます。このため、試験勉強の後半では、範囲が狭まる→回転数が増える→常識化するところが増えて範囲がさらに狭まる→さらに回転数が増える、という相乗効果が働き、加速度がついてわかるようになってきます。

このようにこれまでの試験勉強の積み重ねが一気に花開くのが試験本番の直前期なので、これまでの努力を無にしないためにも、試験直前はさらに加速をつけていきましょう。

会社勤めの方も、できれば試験直前は休みを取ったり、仕事量を減らせるようにすることをお勧めします。

仕事も大事だから……というのもよくわかりますが、試験というのは決められた日の限られた時間でのパフォーマンスで合否が決まる、特殊でシビアなものです。

そして、試験勉強の観点からみた時間あたりの価値は試験が近づくほど高くなってくるので、ここは仕事との優先順位を入れ替えてでも、試験のほうに集中してください。

焦っても睡眠時間だけは削るな！

試験本番が近づくとやる気が高まったり、焦ったりして、睡眠時間を削ってでも勉強しようとしがちです。しかし、これは大変危険です。というのも、脳は寝ている間に情報を整理してくれているからです。ただ休んでいるわけではないのです。睡眠時間が不足すると昼間も眠くなって効率が悪くなります。睡眠時間を削ることは絶対にやめましょう。

さっさと試験に合格するほうが、仕事にとってもプラスなのですから。

また、直前の模試の結果に一喜一憂する必要もありません。

大事なのは本番の結果であり、模試の結果がよかろうが悪かろうが、行うことはただひとつ。模試問題・解説もくり返す対象にして、常識化したり、記憶することです。

そして、これまでくり返してきた過去問やテキストについても、試験直前だからといって何も勉強に変わりはありません。ただひたすらくり返して、常識化したり、まるごと記憶したりするだけです。

これは試験本番当日でも同じです。これまでと同じ勉強をして、さらに反応スピードを上げて、確実に記憶していくことだけです。

試験直前だからといって決してスピードを緩めることなく、むしろ加速させて、トップスピードで試験本番を通過してください。振り返れば、試験直前で一気に実力が高まったことを実感するでしょう。

試験直前は仕事を減らす、休みを取る

column7

試験本番で最高の実力を発揮するには？

高速大量回転法に基づく勉強では、試験直前期だからといって、やることがこれまでと変わるわけではありません。そして、試験本番当日も変わりません。

過去問やテキストをひたすらくり返す、つまり回転するだけです。

そして、試験本番に近づくにつれて、択一式の過去問の場合は常識化したところが増えて、ペンで消したり、ホチキス留めするところが多くなってくるので、どんどんくり返しが楽になってきます。

試験当日の朝に一回転、試験会場までに一回転、試験会場で一回転

このため、試験当日だけで何回転もして確認することができるようになるのです。

試験会場で見かける受験生のなかには、真新しいテキストをゆっくり読んでいる人もいます。使い込まれた予備校のテキストを読んでいる人もあなたに比べれば、ゆっくりと読んでいるように見えるでしょう。

試験会場での勉強を見るだけで、あなたが試験に合格する可能性が高いことを実感すると思います。

試験本番も「わかるところ」と「わからないところ」を分けながら読む

そして本番の試験であっても、これまでの試験勉強と実はそんなに変わりません。わかるところとわからないところを分けながら、読んでいくのです。

もちろん、試験本番は時間は限られていますし、問題の読み違えに気をつけなくてはいけませんから、試験勉強のときよりも丁寧に読む必要はあります。

それでもゆっくり・じっくり1回で理解しようとするよりは、ざっくり読むことを何回か重ねて理解するほうが読み間違いも少なく、効率的に理解できます。

わからないところがあっても、「わからない!」とパニックに陥るのはもちろんのこと、そこを「わかろう」としてがんばらないことです。

それよりも、わかるところで確実に点を取ることです。

そして、択一式の場合であれば、確実に正しい・間違っているという選択肢を潰しながら、正答確率を高めていきましょう。

試験本番は緊張感も高まり、焦りも高まりますから、少しでもわからないところがあると、「全然わからない！」と思いがちです。そうならないように、わかるところに焦点を当てて、確実にわかるところはどれぐらいかカウントしておきましょう。これによって、「わからない」に圧倒されることなく、最後まで試験に真正面から取り組むことができるのです。

最後の最後までゴールを狙い続ける

よっぽど優秀な人、とてつもない期間、勉強してきた人はともかく、多くの人が合否ライン近くにひしめきあっています。

ほんの数問、数点の違いが、合格か不合格かの天国と地獄を分けるのです。

「あぁ！　もうダメだ」と思って諦めたら終わりです。

スポーツの試合で最後まで諦めない姿やそこから起きた奇跡を覚えていますか？

あなた自身が、最後の最後までゴールを狙い続け、走り続けてください。

そこまで続けてきたあなたの努力、そして、あなたを応援する家族や友人、仲間の姿を思い浮べましょう。そして、その声援を身体全体で受け止め、感じてください。あなたのなかから、エネルギーが沸きあがり、最後までやりきれるでしょう。

おわりに

「はじめに」でも述べましたが、本書は一度読めば終わりというものではありません。試験本番まで常に目の触れるところに置いて、ほんの数秒ずつでもいいので、読み返してもらうための本です。

その目的はただひとつ。**勉強を止めずに、いつでもどこでも勉強し、たくさん勉強することです。**

勉強をやめてしまえば、試験は確実に不合格となります。

勉強を続ければ、合格に近づきます。

もちろん、やみくもに長い時間勉強すれば合格するわけではありませんが、過去問をはじめ、本書で解説したように絞り込んだ問題集・テキストをくり返し読み、自分のものにすることで合格に限りなく近づきます。

とにかく止まらず、ハードルを下げて少しでも勉強を積み重ねていくことが合格への道なのです。

「そんな単純なものではないですよ」と思う人もいるかもしれません。

しかし、「試験勉強」はそんな単純なものです。

次に挙げる点からわかるように、やるべきことは明確であり、仕事で考えればきわめてシンプルなプロジェクトといえるでしょう。

- 過去の試験問題が公開され、試験当日にめざすべき状態を想定できる。
- 試験問題の多くは知識問題であり、知っていれば正解できる。
- 満点は求められず、基本問題を確実にできれば合格ラインに届く。
- やるべき行動は明確であり、やればやるだけ合格可能性は高まる。

しかし、単純、シンプルとはいえ簡単なことではありません。

本書を読まれたあなたはおわかりのように、**「合格する勉強」はあまりにもこれまで親しんできた学校の勉強とは違う**からです。

頭ではわかっていたとしても、なかなか実践できません。

また、単純なくり返しでは非効率的であり、本書で解説したように**速読や記**

憶術の活用をはじめ、過去問やテキストの読み方などに少しずつの工夫の積み重ねが重要です。

しかも毎日の忙しい生活のなかで、ついつい悩んだり、焦点がずれたりして、くり返しが止まったり、スピードが遅くなったりすることもあります。

だからこそ、本書を折に触れ読み返し、「合格する勉強」の基本に立ち返り、勉強を継続し、しかも加速させていくことが必要なのです。

ぜひ、本書を手元に置いて、試験合格を勝ち取ってください！

2013年　秋　宇都出雅巳

著者自らが本書の 50 の言葉を語る！

これを聞けば本書の内容がよみがえり、
もう勉強が止まらなくなる！
目からだけでなく、耳からもあなたの勉強を加速する！

50 の言葉と
そのショート解説音声

それだけでなく……

実際の過去問・テキストで実演解説！

速読を活用し、ざっくり読むとはどういう読み方なのか？
一瞬で残る記憶を活用し、
どうやってテキストをまるごと記憶していくのか？
実際の過去問・テキスト（巻頭カラーページ参照）で
実演・解説する！

過去問とテキストの
読み方・覚え方解説動画

本書と合わせてご活用ください。

（注意事項：解説音声および解説動画は動画共有サイトを通して提供するものであり、CD や DVD を郵送するものではありません。
プレゼント内容は予告なく変更・終了となる場合があります）

http://www.utsude.com/goukaku/

読者
プレゼント

プレゼントの受け取りは
ここにアクセス！ ➡

宇都出雅巳（うつで　まさみ）

大学時代から速読法、記憶法を学び始め、システムアナリスト試験や米国ビジネススクール留学のための TOEFL・GMAT®試験などの試験勉強で実践検証する。

2002 年には 1 か月で CFP®（フィナンシャルプランナー）試験に、2010 年には 2 か月で行政書士試験にそれぞれ一発合格。その試験勉強の模様をそれぞれ、メルマガとブログで実況中継し話題を呼んだ。

2007 年に出版した『速読勉強術』（すばる舎、PHP 研究所より文庫化）では、速読実践のなかで気づいた「くり返せば速く読める」という事実に着目し、本当に使える速読法として「高速大量回転法」を発表。5 万部を超えるベストセラーとなり、多くの実践者・合格者を生み出す。

行政書士試験合格後の 2011 年に出版した『合格（ウカ）る技術』（すばる舎）では、高速大量回転法に加え、記憶術を活用した独自の「テキストまるごと記憶法」を発表。択一式から記述式・論述式まですべての試験をカバーした試験勉強法の決定版として幅広い受験生の支持を集めている。

この勉強法を実践して合格した人の試験を挙げると……司法試験をはじめ、公認会計士、税理士、行政書士、弁理士、CFP®、IT ストラテジスト、第三種電気主任技術者、1 級建築施工管理技士、保育士、東大大学院、早稲田大学など多岐にわたる。

行政書士試験の試験勉強記録ブログとして 2010 年にスタートした「だれでもできる！　速読勉強術」（http://ameblo.jp/kosoku-tairyokaiten-ho/）は日々、読者とのコメントのやりとりが行われ、総記事数も 1100 を超え（2013 年 9 月現在）、月間約 15 万 PV のアクセスがある。

幼少期から苦しんだ「吃音（どもり）」を克服するために、高校時代から心理技法を学び、メンタル面にも造詣が深い。2002 年に NLP（神経言語プログラミング）マスタープラクティショナー、2005 年に CPCC（プロフェッショナル・コーアクティブ・コーチ）資格取得。コーチ養成機関 CTI ジャパンリーダーとして延べ 2000 人以上のトレーニングを行った。現在もさまざまな課題・悩みを抱える個人をクライアントとして、日々コーチングを行っている。

1967 年、京都府生まれ。東京大学経済学部卒業。経済出版社、コンサルティング会社勤務後、ニューヨーク大学スターンスクール留学（MBA）。外資系銀行を経て、2002 年に独立。高確率セールストレーナー、CTI ジャパンリーダーを務めた。現在は、信頼 (トラスト) と尊敬 (リスペクト) をベースにした組織・社会の実現をめざすトレスペクト経営教育研究所代表。試験勉強に関するセミナー・個別指導を行うほか、個人に対するコーチングや聴き方・読み方をベースにした企業研修を行っている。

著書は、上記のほか、『どんな本でも大量に読める「速読」の本』（大和書房）、『スピード読書術』(東洋経済新報社)、『英語は「速く何度も」繰り返せ！』（日本実業出版社）、『絶妙な「聞き方」の技術』（明日香出版社、PHP 研究所より文庫化）、『英語楽読法』（大和書房）ほか多数。

訳書に『売り込まなくても売れる！　実践編』（フォレスト出版）、『コーチング・バイブル　第 3 版』（東洋経済新報社　共訳）がある。

ホームページ：http://www.utsude.com/
ブログ：「だれでもできる！ 速読勉強術」
http://ameblo.jp/kosoku-tairyokaiten-ho/

なるほど！　合格勉強術

2013年11月10日　初版第1刷発行

著　者　宇都出雅巳
発行者　池澤徹也
発行所　株式会社 実務教育出版
163-8671　東京都新宿区新宿 1-1-12
電話　03-3355-1812（編集）　03-3355-1951（販売）
振替　00160-0-78270

印刷／精興社　　製本／東京美術紙工

ISBN978-4-7889-1070-6　C0030

社会人にも役立つと大好評！

東大生の頭の使い方を盗む

自分でも驚くほど成績が上がる勉強法

清水章弘【著】

[ISBN978-4-7889-1053-9]

「講義内容をその場で頭に入れる方法」「ムリ・ムダのない復習法」「絶対に頭に残る９つの記憶術」「三日坊主で終わらせない勉強を続けるコツ」…。講義形式のわかりやすい文体だからスラスラ読むことができて、しかも、すぐにマネできて結果が出るヒントが満載です。

実務教育出版の本